선생님이 만든

좔좔 글읽기

·········

3권 이야기와 놀자

선생님이 만든 좔좔 글읽기 2단계

3권 이야기와 놀자

초판 1쇄 2014년 9월 20일
초판 2쇄 2021년 9월 3일

지은이 서울경인특수학급교사연구회

펴낸이 방영배
디자인 신정난
펴낸곳 다음생각

주소 경기도 고양시 일산동구 중앙로 1261번길 19 호수광장빌딩 204호
전화 031-903-9107 **팩스** 031-903-9108 **이메일** nt21@hanmail.net
출판등록 2009년 10월 6일 제 2019-000144호
인쇄·제본 현문인쇄 **종이** 월드페이퍼
ISBN_(전 3권) 978-89-98035-34-1 (64700)

책이 나오기까지

〈서울경인특수학급교사연구회〉는 통합교육과 특수교육의 여건이 제대로 마련되지 않았던 90년대 초에 서울, 경기, 인천의 초등학교 특수학급 교사들이 모인 이래 지금까지 계속되고 있는 연구 모임입니다. 그동안 함께 모여 공부하고 올바른 교육의 방향에 대해 고민하면서 새로운 통합 프로그램 등을 만들어 보급해 왔습니다. 어떻게 하면 좋은 수업을 할 수 있을지 연구하여 여러 가지 수업 자료를 개발하기도 했습니다. 『선생님이 만든 좔좔 글읽기』도 이런 고민과 연구 과정을 거쳐 나온 책입니다.

읽기를 배우는 데 오랜 시간이 걸리는 아이들의 경우 좋은 교재와 다양한 방법으로 가르쳐야 함에도 마땅한 자료와 프로그램이 없어 고민이 많았습니다. 그래서 연구회 교사들은 2010년부터 국어 교육에 관한 연수를 들으며 국어 교육과정을 분석하고 국어의 각 영역별 목표 체계를 정리했습니다. 회원들이 각자의 국어 수업 사례를 발표하며 좋은 국어 수업 방법에 대해 고민한 끝에 2012년에 읽기 이해력 향상을 위한 자료를 만들었습니다. 총 25명의 현장 교사들이 직접 글을 쓰고, 읽기 이해 문제와 관련 활동지를 만들었습니다. 이 읽기 교재를 수업에 활용해 보니 아이들이 흥미 있게 수업에 참여하고 독해력이 향상되는 것을 알 수 있었습니다. 그동안 아이들에게 맞는 자료를 일일이 수정해 만드느라 애썼던 선생님들도 이 자료를 활용해 훨씬 수월하게 활동적인 수업을 할 수 있었다고 합니다.

이 책을 출판하기까지 많은 시간과 노력이 필요했습니다. 그 과정에서 여러 사람들에게 도움을 받았습니다. 덕원예고에서 미술을 전공하는 학생들이 약 1,200컷의 그림을 정성껏 그려 주어 책의 내용이 더욱 풍부해졌습니다. 그리고 도서출판 〈다음생각〉에서 의미 있는 결정을 내려 준 덕분에 이 책이 만들어질 수 있었습니다. 자원봉사로 수고해 준 덕원예고 학생들과 편집 작업에 애써 준 〈다음생각〉 출판사 분들께 깊은 감사를 드립니다.

여러 아이들의 다양한 특성에 맞는 단 하나의 교재란 있을 수 없습니다.
다만 『선생님이 만든 좔좔 글읽기』가 특수학급, 특수학교, 또 다른 교육 현장에서 국어 수업을 좀 더 풍요롭게 할 수 있는 자료가 되면 좋겠습니다. 아이들이 이 책으로 재미있게 공부할 수 있기를 바랍니다.

서울경인특수학급교사연구회

책의 특징

　우리나라 아이들은 일찍부터 한글을 배우기 시작하여 초등학교에 들어가기 전에 이미 글을 줄줄 읽는 경우가 많습니다. 이를 반영하듯 초등학교 국어 교과서는 처음에 낱자 학습 및 단어 읽기를 다루다가 난이도가 급격히 높아집니다. 1학년 1학기 말쯤 되면 실제로 10문장 이상의 긴 글을 읽을 수 있어야 수업을 따라갈 수 있습니다. 한글을 깨치지 못한 상태로 입학하는 아이들의 경우 국어 수업에서 어려움을 겪을 수밖에 없습니다. 따라서 이제 막 문장 읽기를 시작하여 글을 유창하게 읽고 이해하는 데까지 많은 시간이 걸리는 학생들의 특성을 고려한 적합한 교재가 필요합니다.

　이 교재는 학생의 연령에 맞는 좋은 문장으로 학습자의 속도에 맞게 읽기 이해력을 높일 수 있도록 개발하였습니다. 읽기를 배우는 데 오래 걸리는 아이들도 좋은 글을 읽고, 글에서 정보를 얻고, 글을 읽는 즐거움을 가질 수 있게 하고자 합니다.

　1. 짧은 글을 읽고 내용을 이해할 수 있도록 다양한 활동으로 구성했습니다. 문장 읽기 수준에 있는 학생들은 누구나 이 책으로 독해 공부를 할 수 있습니다. 특수학급이나 특수학교에 재학하는 초·중·고 학생, 읽기에 어려움을 가지고 있는 학습 부진 학생, 한글을 배우기 시작하는 다문화 학생이나 재외교포를 대상으로 하는 한글교실에서도 사용할 수 있습니다.

　2. 각 단계는 읽기 이해의 수준별로 분류해 제작하였습니다. 1단계의 목표는 1~2문장을 읽고 이해하는 것이며 마지막 4단계의 목표는 글의 구조를 이해하는 것입니다. 단계에 따라 글의 길이, 문장과 어휘의 난이도, 질문의 난이도가 높아집니다.

　3. 다양한 종류의 글을 접하도록 제시하였습니다. 생활글, 실용적 정보를 주는 글, 문학 작품(시, 이야기), 노랫말, 일기, 설명글 등 다양한 글을 통해 읽기 이해력을 높이도록 하였습니다. 초등국어교육과정의 목표와 내용체계를 고려하였고 초등교육과정에서 다루는 주제를 선정하여 교사들이 직접 글을 썼습니다. 그림책이나 시와 같은 문학 작품을 선정한 경우에는 전문을 제시하여 학생들이 문학 작품 전체를 느끼도록 하였습니다. 실생활에서 정보를 주는 글을 바로 읽고 활용할 수 있도록 실용글 읽기를 제시했습니다.

　4. 읽기 이해 능력을 중심으로 접근하지만 듣기, 말하기, 쓰기를 함께 배울 수 있도록 다양한 활동을 제시하였습니다. 읽기 이해 능력은 읽기 기술만을 따로 가르치는 것에 의해 향상되지 않으며 다른 영역과 총체적으로 접근하는 것이 바람직하기 때문입니다. '글마중, 신나는 글 읽기, 이야기 돋보기, 낱말 창고, 우리말 약속, 뽐내기'라는 꼭지를 두어 활동적인 수업이 되도록 제시하였습니다.

　5. 읽기를 천천히 배우는 아이들의 특성을 고려하여 충분히 공부할 수 있도록 단계를 세분화하였습니다. 학생들의 연령과 특성에 맞게 선택하여 제시할 수 있도록 같은 수준의 자료를 다양하게 준비하였습니다.

책의 구성

'글마중'에는 배워야 할 전체 본문을 제시했습니다. 읽기가 서툴러 짧은 글을 읽는 아동이라 하더라도 국어 교육 목표에 따라 문학 작품 등을 부분만 제시하는 것은 바람직하지 않습니다. 아직 술술 읽는 것이 어렵지만 읽기를 재미있게 받아들일 수 있도록 완성도 있는 짧은 글을 그림과 함께 제시하였습니다.

'신나는 글 읽기'에서는 본문의 내용을 쉽게 파악할 수 있도록 글에 관련된 여러 활동을 제시하였습니다. 다양한 방법으로 읽기, 그림으로 전체 내용 파악하기, 내용과 관련된 듣기·말하기 활동 등으로 구성되어 있습니다. 이 꼭지를 통해 아이들은 읽기 활동을 재미있게 느낄 것입니다.

'이야기 돋보기'는 문장의 구조를 활용하여 내용을 파악하기 위한 반복적인 연습문제로 구성되어 있습니다. 본문의 문장을 나누어 제시하고 글의 내용에 관한 질문에 답하도록 문제를 제공하였습니다. 단계에 따라 문장의 길이, 문제의 난이도, 단서 수준, 답을 쓰는 방법을 달리하였습니다.

'낱말 창고'에서는 본문에 있는 낱말 중 어려운 낱말을 선정하여 낱말 뜻 익히기나 쓰기 활동, 맞춤법, 어휘 관련 활동을 제시하였습니다. 본문의 낱말과 관련된 여러 어휘를 제시하여 어휘력 향상을 꾀하였습니다.

'뽐내기'는 본문과 관련된 다양한 쓰기와 표현 활동으로 구성하였습니다. 반복적인 쓰기 연습만으로는 아이들 스스로 쓰기 표현을 즐길 수 없습니다. 글마중의 내용과 관련된 쪽지도 쓰고, 그림도 그리고, 만들기도 하면서 쓰기를 즐겁게 느낄 것입니다. 1단계에서 문장 완성하기부터 시작하여 마지막 단계에서는 글의 주제와 종류에 따라 글을 쓰는 방법까지 다루게 됩니다.

'우리말 약속'에서는 아이들이 익혀야 하는 말본지식(문법)을 이해하기 쉽게 제시하고 반복 연습을 통해 익히도록 합니다. 자모음 체계 익히기, 품사와 토씨(조사) 등의 문장구조 익히기, 어순대로 쓰기, 이음말(접속사) 익히기 등 말본지식을 활용할 수 있도록 다양한 활동을 제시합니다.

책의 꼭지 활용 방법

- 〈글마중〉에 나온 글을 다양한 방법으로 읽게 해 주세요. 적당한 속도로 정확하게 읽을 수 있어야 글의 내용을 이해할 수 있습니다. 문장을 읽기 시작한 아이들의 경우 소리 내어 읽는 것은 매우 중요합니다. 자기가 읽은 것을 들으며 읽은 내용을 이해하기 때문입니다. 눈으로 읽은 것을 바로 이해하는 묵독을 할 수 있는 단계가 되기 전까지는 다양한 방법으로 소리 내어 읽는 활동을 많이 해 보는 것이 좋습니다. 읽기의 유창성과 정확도를 높이면 읽기 이해력도 향상됩니다.
  읽어 주는 것 듣기, 교사가 한 문장이나 한 구절씩 읽으면 따라 읽기, 중요한 단어나 구절만 따로 읽기, 입 맞추어 함께 읽기, 구절 나누어 읽기, 번갈아 읽기, 돌아가며 읽기, 혼자 읽기 등의 방법을 활용하면 좋습니다. 아이가 읽은 것을 녹음해 다시 듣게 하거나 친구와 서로 읽어 주는 방법도 동기 유발에 좋습니다.

- 〈신나는 글 읽기〉와 〈뽐내기〉는 표현 활동이므로 학습지만 활용할 것이 아니라 실제 활동을 통해 익히도록 해 주세요. 노래를 함께 부르고, 동작을 만들어 보세요. 주제와 관련하여 말하기, 동작, 음률, 미술, 몸짓, 놀이 등 다양한 표현 활동과 연계하여 활동적인 수업을 해 보세요. 이렇게 통합적으로 접근하면 아이들의 자유로운 표현 능력이 향상되고 흥미 있게 참여할 것입니다. 다양한 활동을 통해 자연스럽게 말하기, 쓰기 표현 능력이 향상될 수 있도록 연계하여 지도할 수 있습니다.

- 〈이야기 돋보기〉는 이해 목표에 따른 반복 활동으로 연습을 할 수 있게 되어 있습니다. 문장 단서와 그림 단서를 활용하는 방법을 알려 주세요.

지도 교사 도우미

- 〈꼭지별 내용 체계〉는 주제에 관한 꼭지 구성이 어떻게 되어 있는지 한눈에 볼 수 있도록 표로 정리되어 있습니다. 수업 계획을 세울 때 활용하거나 평가할 때 체크리스트로 사용해도 좋을 것입니다.

- 〈좀 더 활용해 보세요〉는 주제와 관련하여 추가로 지도할 수 있는 수업 아이디어를 제공하였습니다.

너도나도 이야기해요.	듣기, 말하기와 관련된 활동을 소개하였습니다.
같이 읽어요.	주제와 관련하여 아이와 함께 읽어 보면 좋을 책을 소개하였습니다.
마음대로 나타내요.	주제와 관련된 다양한 쓰기 표현 활동을 제시했습니다.
함께 놀아요.	주제에 맞는 과학, 미술, 음악, 놀이, 연극 놀이, 자연 놀이, 요리 활동 등 다양한 통합 활동이 포함되어 있습니다.

- 선생님께 한마디 는 교사가 참고할 만한 지도 방법을 학습지 하단에 제시한 것입니다.

2단계의 목표와 내용 구성

★ 2단계는 '지수의 생활', '노래랑 일기랑', '이야기와 놀자' 3권의 책으로 엮었습니다.
★ 2단계 1권은 아이들의 생활을 중심으로 주변에서 볼 수 있는 다양한 글(생활문, 편지, 광고, 안내문 등)을 제시했습니다. 2권은 노랫말과 일기를 읽고 쓰는 활동으로 구성했습니다. 3권은 반복적 구조의 짧은 이야기(그림책)를 제시하여 긴 글 읽기를 재미있게 시작하도록 했습니다.
★ 2단계의 목표는 다음과 같습니다. 단, 제시 방법에 따라 목표를 조정할 수 있습니다.
 - 읽기: 4~7문장의 짧은 글을 읽고 내용을 파악할 수 있다.
    2~3문장을 읽고 '누가, 언제, 어디, 무엇, 어떻게'에 관한 질문에 답할 수 있다.
 - 듣기 말하기: 이야기를 듣고 주제에 맞게 2~3문장으로 말할 수 있다.
 - 쓰기: 주제에 대한 문장을 채워 쓰거나 1~2문장을 스스로 쓸 수 있다.
 - 문학: 짧은 생활문, 노랫말, 실용문, 이야기 읽기에 흥미를 가질 수 있다.
 - 문법: 임자말(주어), 풀이말(서술어), 부림말(목적어)을 바르게 넣어 사용할 수 있다.

	1권 〈지수의 생활〉	2권 〈노래랑 일기랑〉	3권 〈이야기와 놀자〉
전체 구성	학교 생활 우리 동네 우리집 친구야 놀자	노래랑 놀자 일기랑 놀자	삐악! 우리 엄마세요? 괜찮아 / 배고픈 애벌레 커다란 순무 / 장갑 바람과 해님 개미와 베짱이
글마중	글마중에 실려 있는 본문은 4~7문장의 짧은 글로 제시하였습니다. 한 문장의 짜임은 3~6어절로 구성되어 있습니다. 본문의 내용을 이해하기 쉽게 그림을 함께 넣었습니다. 1권의 '지수의 생활'은 아이들의 생활을 중심으로 생활문, 편지나 일기, 광고나 안내문을 다양하게 구성했고 2권은 노랫말과 일기글을, 3권은 반복적 구조의 짧은 이야기(그림책)를 통해 읽기를 배우도록 했습니다.		
신나는 글 읽기	본문의 전체 내용을 그림으로 간략히 파악하거나 글의 내용에 흥미를 갖도록 관련 활동을 제시하였습니다. 본문을 반복해서 읽도록 다양한 읽기 방법을 제시하였습니다.		
이야기 돋보기	글마중의 본문을 2~3문장씩 나누어 제시하고 '누가, 언제, 어디, 무엇, 어떻게'에 관한 질문에 답하도록 문제를 제시했습니다. 의문사를 다른 색으로 표시하여 한눈에 알아볼 수 있도록 하였습니다. 4개의 보기 중 하나를 고르게 하거나 단답형의 문제를 제시했습니다.		
낱말 창고	본문에 나오는 기본 어휘나 기본 어휘와 관련된 새로운 어휘를 확장해 익히도록 제시했습니다.		
우리말 약속	임자말(주어), 풀이말(서술어), 부림말(목적어)을 내용에 맞게 바르게 넣을 수 있도록 말본 지식(문법)을 가르칩니다.		
뽐내기	주제에 대한 문장을 채워 쓰거나 단문을 쓰도록 활동을 제시했습니다. 쓰기 전 활동을 제시하여 1~2문장으로 내용에 맞게 구성해 쓰도록 하였습니다.		

꼭지별 내용 체계

3권 이야기와 놀자

주제	글마중	신나는 글 읽기	이야기 돋보기	낱말 창고	뽐내기	우리말 약속
삐약 우리 엄마세요 (아이코리아)	중심단어 읽기 반복적 구조를 이용해 읽기	여러 읽기 방법으로 반복해 읽기 (부분 읽기, 따라 읽기, 번갈아 읽기) 여러 동물이 되어 역할극 하기	2~3문장 읽고 질문에 답하기 병아리에게 대답한 동물 찾기 이야기의 전체 내용 파악하기	동물의 울음소리 익히기 동물의 새끼와 어미 연결하기	엄마를 찾기 위한 광고 만들기	* 부림말 - 부림말 찾기 - '무엇을'에 해당되는 부림말 찾기
괜찮아 (최숙희, 웅진주니어)	중심단어 읽기 반복적 구조를 이용해 읽기	여러 읽기 방법으로 반복해 읽기 (부분 읽기, 따라 읽기, 번갈아 읽기) 내 얼굴 그리고 나의 자랑거리 써 보기	2~3문장 읽고 질문에 답하기 동물과 어울리는 특징 연결하기	'괜찮아' 익히기 문장에 어울리는 풀이말 넣기	괜찮아 책 만들기	
배고픈 애벌레 (에릭 칼, 더큰)	중심단어 읽기 반복적 구조를 이용해 읽기	여러 읽기 방법으로 반복해 읽기 (부분 읽기, 따라 읽기, 번갈아 읽기) 애벌레를 만들어 인형극 하기	2~3문장 읽고 질문에 답하기 애벌레가 요일별로 먹은 음식 붙이기 이야기의 차례대로 그림에 번호 붙이기	월요일~일요일 기준에 따라 음식 분류하기 그림을 보고 결과 찾아 채워 쓰기 'ㅐ'와 'ㅔ' 구분해 쓰기	배고픈 애벌레 작은 책 만들기	- 부림말에 맞는 토씨 '을', '를' 찾기 - 임자말과 부림말에 맞는 토씨 고르기
커다란 순무 (러시아 민화)	그림을 보며 반복적 구조를 이용해 읽기 바르게 띄어 읽기	여러 읽기 방법으로 반복해 읽기 (따라 읽기, 번갈아 읽기, 말하는 것처럼 읽기) 역할 목걸이 만들어 역할극 하기	2~4장 읽고 질문에 답하기 순무를 당긴 순서대로 그림 붙이기 문장을 채워 이야기 다시 쓰기	끝말잇기 끝말잇기 해서 두 개의 낱말로 문장 만들기	나라면 순무를 어떻게 뽑을지 상상해 쓰기 뒷이야기 꾸미기 무로 만든 요리를 찾고 어떤 맛인지 쓰기	- 틀린 토씨 바르게 고치기 - 부림말에 알맞은 토씨 '을', '를' 쓰기
장갑 (에우게니 M.라쵸프, 한림)	그림을 보며 반복적 구조를 이용해 읽기 바르게 띄어 읽기	여러 읽기 방법으로 반복해 읽기 (따라읽기, 함께읽기, 번갈아 읽기) 장갑에 찾아온 동물과 대화나누기	2~3문장 읽고 질문에 답하기 장갑에 찾아온 동물 순서대로 붙이기	흉내 내는 말 넣기 부사어 채워 넣기 동물의 특징에 맞는 별명 찾기 나를 표현하는 말 생각해 붙이기	장갑 속 동물 상상해 그리기 중간 이야기 덧붙이기 동물들의 겨울나기 조사해 쓰기 장갑책 만들기	- 임자말과 부림말에 알맞은 토씨 쓰기

주제	글마중	신나는 글 읽기	이야기 돋보기	낱말 창고	뽐내기	우리말 약속
바람과 해님 (라 퐁테느 우화)	바르게 띄어 읽기 그림 보며 읽기 주인공의 마음을 생각하며 읽기	여러 읽기 방법으로 반복해 읽기 (따라 읽기, 실감 나게 읽기, 역할 나눠 읽기) 바람과 해님 생각 연결하기	3~4문장 읽고 질문에 답하기 문장을 채워 이야기 다시 쓰기	뜻에 맞게 풀이말 채워 쓰기 일기예보 보기 'ㅐ'와 'ㅔ' 구분해 쓰기	바람과 해님 얼굴책 만들기	- 그림에 맞는 부림말 연결하기 - 부림말을 넣어 문장 완성하기
개미와 베짱이 (라 퐁테느 우화)	바르게 띄어 읽기 그림 보며 읽기 주인공의 마음을 생각하며 읽기	여러 읽기 방법으로 반복해 읽기 (따라 읽기, 실감 나게 읽기, 역할 나눠 읽기) 개미와 베짱이의 생각 연결하기	2~4문장 읽고 질문에 답하기 두 인물의 특징 비교하기 문장을 채워 이야기 다시 쓰기	반대말 배우기 날씨를 표현하는 흉내 내는 말 쓰기	대사 써서 네 컷 만화 완성하기 개미와 베짱이 무대책 만들기	- 임자말 ＋부림말 ＋풀이말 순서에 맞게 문장 쓰기 - 그림을 보고 1문장으로 쓰기

좀 더 활용해 보세요

■ 그림책을 활용하여 읽기를 가르쳐 보세요.

 아이들은 그림책을 볼 때 그림을 보며 이야기를 상상하고 추론하다가 읽기를 저절로 배우기도 합니다. 글을 읽지 못하더라도 그림책을 반복적으로 읽어주는 것을 들으며 듣기 이해력과 말하기 능력이 향상되기도 합니다.

 조금 더 나아가서 아이들은 책을 보며 저자의 느낌과 지식, 생각과 상호작용을 합니다. 그렇기 때문에 학습 목표에 따라 문학작품을 일부만 잘라서 제시하는 것은 바람직하지 못합니다. 전체 원문과 그림을 그대로 제공하는 것이 가장 좋은 방법이지요. 가장 중요한 것은 아이들의 발달과 정서에 맞는 그림책을 보면서 재미있게 국어 학습을 할 수 있다는 것입니다. 그림책에 담겨있는 철학과 지식, 문화유산을 함께 배우는 것 또한 중요한 부분입니다.

 아이들에게 읽기를 가르칠 때 흔히 단어카드를 읽게 하거나 ㄱ, ㄴ, ㄷ부터 가르칩니다. 읽기 학습에 어려움이 있는 아이들의 경우 이런 학습을 오랫동안 반복적으로 하다 보면 흥미를 잃게 되고, 단순한 어휘 학습만 한 결과 듣기, 말하기 수준이 오히려 떨어지기도 합니다.

 언어 학습은 필요한 상황이나 맥락에 맞게 진행해야 하고 학습자의 능동적인 언어사용을 유도하는 것이 중요합니다. 아이들에게 좋은 그림책을 마련해 주고 재미있는 이야기를 들려주고 마음껏 그리거나 쓸 수 있는 환경을 주면서 자발적으로 언어학습을 할 수 있도록 도와주는 것이 필요합니다.

■ 초기 읽기 아이들에게 예측동화가 좋아요.

 하지만 문장을 줄줄 읽지 못하는 아이들에게 어떻게 문장으로 된 그림책을 통해 읽기를 가르칠까요? 문장을 더듬거리며 읽거나 단어만 읽을 수 있는 아이들에게는 예측동화 읽기가 좋습니다. 예측동화(predictable story book)는 문장이나 이야기 구조가 반복적으로 제시되어 있어 뒤에 올 문장이나 이야기를 예측해 읽을 수 있도록 하는 것입니다. 좋은 예측 동화는 맨 뒤에 반전을 제시하여 주제를 드러내고 아이들의 흥미를 끌어냅니다. 에릭 칼의 〈배고픈 애벌레〉나 〈갈색 곰아, 갈색 곰아, 무엇을 보고 있니?〉, 정태선의 〈나답게〉, 〈이게 뭐지〉와 같은 그림책을 예로 들 수 있습니다. 특히 정태선의 책은 중심 낱말을 큰 고딕체로 표시하여 중심단어만 알면 반복적 문장 구조를 외워 저절로 문장을 읽을 수 있도록 제시되어 있습니다.

■ 다양한 읽기 방법을 활용해 보세요.

읽기 초기 아이들의 읽기 유창성을 향상시키기 위해서는 다양한 읽기 방법을 활용해 반복적으로 소리 내어 읽는 연습을 하는 것이 필요합니다. 아래의 읽기 방법을 활용해 재미있게 읽도록 해주세요.

나누어 읽기 Shared Reading	▶ 중심 단어를 읽고 나머지는 교사가 읽기 ▶ 교사가 반복적인 구조의 앞부분을 읽고 아동이 뒷부분 읽기 ▶ 아동이 먼저 읽고 교사가 따라 읽기
안내하며 읽기 **(DRTA)** Directed Reading Thinking Activity	▶ 반복적 구조나 이야기 구조를 알도록 교사가 예측질문을 하면서 읽기 ▶ 이해를 위한 주요 질문을 글 옆에 제시해 이해를 돕는 것
부분 읽기	▶ 중심 단어만 읽기(Scanning Reading) ▶ 중심 문장만 읽기(Skimming Reading)
함께 읽기	▶ 따라 읽기(Eco Reading) : 교사가 어구 단위로 읽으면 따라 읽기 ▶ 번갈아 읽기(Paired Reading) : 짝이나 모둠별로 한 문장이나 한 문단씩 번갈아 읽기 ▶ 다함께 읽기(Choral Reading) : 합창하며 읽기, 릴레이 읽기, 랩처럼 읽기
어구 나누며 읽기 Paraphrasing	▶ 끊어 읽는 곳에서 줄을 바꾸어 놓은 문장 읽기 ▶ 두루마리(Roll book) 읽기 : 한 행에 의미 단위로 어구를 나누어 놓은 책 읽기 ▶ 스스로 의미 단위로 나누어 읽기 ▶ 어구 단위로 문장을 나눠 섞고 맞춰 보기 (Scrambling)
혼자 읽기 Independent Reading	▶ 낭독하기 ▶ 읽은 것 녹음하기

삐악! 우리 엄마세요?

지은이 아이코리아 연구개발실
출판사 아이코리아

아이코리아에서 나온 쉬운 책 시리즈 중 하나입니다. 엄마를 찾는 병아리의 반복적인 질문과 대답으로만 구성되어 읽기 쉽습니다. 아이 혼자 그림책 읽기를 처음 시도할 때 도입하면 좋습니다. '동물'이나 '엄마'를 주제로 해서 통합 활동을 계획해도 좋겠습니다.

활동 영역	관련 활동
너도나도 이야기해요	🎭 소리 듣고 의성어 만들기 여러 동물의 울음소리나 사물의 소리를 들려준다. 소리를 말로 흉내 내어 보고 흉내 내는 말 카드를 만든다. 어떤 소리였는지 찾아 그림카드와 함께 연결해본다. 🎭 엄마를 잃어버린다면? 이야기 나누기 '엄마를 찾아주세요 / 한별이를 찾아주세요'(호박별 글 / 임소연 그림 / 시공주니어) 책을 읽어준다. 책은 엄마의 입장에서, 한별이의 입장에서 두 번 읽어준다. 엄마를 잃어버렸던 경험이 있는지, 잃어버린다면 어떤 기분이 들지 이야기 나눈다. 잃어버렸을 때 대처방법에 대한 매뉴얼을 함께 만들어도 좋다
같이 읽어요	📚 삐악이는 흉내쟁이 **사토 와키코 글 / 후다마타 에이고로 그림 / 사계절** 삐악이가 여러 동물을 만나 목소리 바꾸기 놀이를 하는 이야기. 반복적인 짧은 문장으로 되어 있어 읽기 쉽다.

활동 영역	관련 활동
같이 읽어요	📖 우리 엄마 어디 있어요? **히도 반 헤네흐텐 글·그림 / 서남희 옮김 / 한울림어린이** 엄마를 잃어버린 아기 물고기 하양이가 무지개 엄마를 찾는다. 뛰어난 색채감과 반복적인 문장구조로 되어 있는 그림책이다.
마음대로 나타내요	🙂 병아리 엄마를 찾는 광고판을 만들어 주세요. 광고판에 어떤 내용이 들어가야 하는지 이야기를 나눈다. 내용을 어떻게 배치할지 의논한 후 판을 나누어 작업해서 붙인다.
함께 놀아요	🥷 연극놀이: OOO 꽃이 피었습니다. 술래가 "OOO 꽃이 피었습니다." 라고 말하는데 OOO 부분에 동물이름을 넣는다. 그럼 다른 친구들은 술래가 말한 동물 흉내를 내며 앞으로 간다. 동물 흉내를 잘 내지 못하는 친구를 잡는다. 동물을 잘하면 사물 이름으로 해도 재미있다. 🥷 과학활동: 동물 성장 카드 퍼즐 연결하기 여러 동물들의 어미와 새끼, 또는 개구리나 나비같이 변화가 큰 동물의 한살이를 카드로 만들어 퍼즐을 연결하게 한다. 🥷 음률활동: '동물농장' 노래 부르기 교사가 노래를 부르다가 동물 울음소리를 내야 하는 부분에서 아이들에게 마이크를 넘기며 소리를 내게 한다. 익숙해지면 교사의 역할을 아이들에게 맡긴다. 🥷 미술활동: 동물농장 꾸미기 찰흙을 판 위에 넓게 펴서 농장 바닥을 만든다. 수수깡이나 빨대로 울타리를 만들어 꽂는다. 어미와 새끼가 있는 밑그림에 색칠을 하고 받침대를 세워 배치한다. 🥷 게임활동: 네 박자 게임 각자 동물을 정해 아이엠 그라운드처럼 박자를 치며 놀이하는 게임이다. 무릎, 손뼉, 오른손 검지, 왼손 검지의 네 박자로 진행한다. 동물이름과 몇 번인지 호명하면 박자에 맞춰 동물 소리나 모양을 흉내 내는 말을 외친다. 예를 들면 호랑이 셋 하면 "(무릎치고) 어흥 어흥 어흥" 라고 한 뒤 호랑이가 "오리 둘" 하면 "무릎치고 손뼉치고 꽥 꽥" 식으로 진행한다. 🥷 게임활동: 소리 듣고 엄마 찾기 두 명이 짝이 되어 동물을 정하고 각자 어미와 새끼 동물을 맡는다. 안대를 쓰고 나서 각자 우는 소리를 내며 짝을 찾는다. 짝을 찾은 동물들은 안대를 벗고 탈출한다.

괜찮아

지은이 최숙희

출판사 웅진주니어

아이들에게 친근한 동물을 소재로 하여 자신에 대해 긍정적인 생각을 갖게 하는 그림책입니다. "나는 크게 웃을 수 있기 때문에 괜찮다"고 말하는 주인공은 우리 아이들을 닮았습니다. 그림과 연계하여 짧은 글을 읽는 것을 목표로 교과서에도 소개된 책입니다. 반복적인 구조로 되어 있는 짧은 글이어서 쉽게 읽을 수 있기에 2단계의 이야기글로 선정하였습니다. '동물'이나 '나'를 주제로 통합 활동을 진행해도 좋겠습니다.

활동 영역	관련 활동
너도나도 이야기해요	😊 특징을 붙여 동물 이름 릴레이로 말하기 동물을 한 가지씩 정한다. 동물의 특징을 말하며 이름을 말한다. 예를 들어 "땅을 잘 파는 두더지"라고 첫 번째 사람이 말하면 두 번째 사람은 앞사람의 소개를 포함해 소개를 이어 나간다. "땅을 잘 파는 두더지 옆에 나무에 잘 매달리는 원숭이…" 이어 말하기를 어려워할 경우 앞사람 것을 반복하지 않고 자기 동물의 특징만 표현하는 것으로 해도 좋다. 😎 말놀이: "원숭이 똥구멍은 빨개~" 누구나 아는 말놀이다. 교사가 다른 말로 시작해서 새로운 말놀이를 만들어도 재미있겠다. 😊 "괜찮아"라고 말해주세요. 아이들과 괜찮아 박수를 만들어 다함께 손뼉을 치면서 연습해 본다. 털실 공을 받은 아이가 제일 자신 없는 점을 말하면 다른 친구들이 박수를 치며 "괜찮아, 괜찮아, 넌 0000를 잘 하잖아" 하며 장점을 말해준다.
같이 읽어요	📚 틀려도 괜찮아 **마키타 신지 글 / 하세가와 토모코 그림 / 유문조 옮김 / 토토북** 이 책은 틀려도 괜찮고 발표를 잘하지 못해도 괜찮다고 말해준다. 자신감 없는 아이들에게 "괜찮아" 한 마디는 큰 위로가 된다.

활동 영역	관련 활동
	📖 외톨이 사자는 친구가 없대요 **나카노 히로카주 글·그림 / 한림출판사** 외톨이 사자는 친구를 만들기 위해 만나는 동물의 모습을 흉내 낸다. 하지만 다른 동물들은 그런 사자를 더 무서워한다. 결국 사자가 원래 모습으로 돌아왔을 때 친구가 된다. 이 책을 읽고 아이들이 나 자신의 모습 그대로를 사랑할 수 있으면 좋겠다.
마음대로 나타내요	👤 나는야 OOO 대장 동물에 대한 책을 함께 읽거나 조사를 한 후 '나는야 OOO 대장'이란 제목으로 작은 책 만들기를 한다. 예를 들어 '나는야 달리기 대장'이라는 제목이라면 타조가 달리는 그림을 그리거나 사진을 붙이고 타조의 달리기에 관해 조사한 내용을 쓴다.
함께 놀아요	🧑 연극놀이: 꽥꽥 동물 달리기 - 가운데 색테이프로 원을 그린다. "집으로"를 외치면 원 안에 들어오기로 약속 한다. 원 밖은 여러 움직임을 보여주는 공간으로 삼는다. 교사가 "사자가 어슬 렁 어슬렁 걸어요"라고 말하면 아이들은 원 밖에서 사자 걸음걸이를 흉내 낸다. "집으로"를 외치면 동작을 멈추고 원 안으로 들어온다. 교사는 또 다른 동물 흉 내 내기를 주문하는 식으로 놀이를 진행한다. - 이렇게 동물의 움직임을 해 본 후, 꽥꽥 동물 달리기 놀이를 한다. 손수건 돌리 기를 변형한 놀이이다. 원으로 동그랗게 둘러앉은 후 술래가 앉아 있는 사람을 가볍게 치면서 "꽥꽥" 소리를 내며 오리걸음으로 걷는다. 그러다가 어느 한 사람 을 치며 다른 동물 이름을 말하면 그 사람은 그 동물의 움직임을 흉내 내며 오리 를 쫓아가고, 오리는 도망가 그 사람의 자리에 앉는다. - '온스테이지 무대에서 놀아요(정은문고)'에서 인용 - 🧑 음률활동: '넌 할 수 있어 라고 말해주세요' 노래 부르기 어린이창작동요가요제에서 대상을 받은 곡. "넌 할 수 있어 라고 말해주세요. 그럼 우리는 무엇이든 할 수 있지요. 짜증 나고 힘든 일도 신 나게 할 수 있는……." 이런 가사로 되어 있는 신 나는 곡을 부르다 보면 정말 무엇이든 할 수 있지 않을까? 🧑 미술활동: 동물의 특징 살려 그리기 '난 동물을 잘 그려요'(레이깁슨 글 / 아만다 발로우 그림 / 신형건 옮김 / 보물창고) 라는 책을 보고 스스로 동물의 특징을 살려 동물그림을 그린다. 이렇게 그린 그림을 모아 내 손으로 직접 그린 동물도감을 만들어도 좋겠다.

배고픈 애벌레

지은이 에릭 칼
옮긴이 이희재
출판사 더큰(몬테소리 CM)

 콜라주 기법으로 유명한 그림책의 색채 마술가 '에릭 칼'의 대표작인 작품인 '배고픈 애벌레'는 1970년에 출간된 이래 지금까지 많은 아이들이 좋아한 그림책입니다. 성장이란 주제를 아름다운 색채감과 압축적인 언어로 표현했습니다.

 이 그림책은 반복적인 문장구조로 쓰인 예측동화(Predictable story book)여서 초기 읽기 아동들에게 읽기를 가르치는 교재로 사용하기에도 적합합니다. 아름다운 색채감과 재미있는 이야기, 반복적이고 리듬감 있는 문장구조로 인해 아이들은 재미있게 읽기를 배울 수 있습니다. "성장"이란 주제로 다양한 통합 활동과 연계해 가르쳐도 좋습니다.

활동 영역	관련 활동
너도나도 이야기해요	😀 인형극 꾸미기 애벌레가 먹은 음식을 그려 가운데나 옆에 구멍을 낸다. 미술시간에 만든 애벌레 인형으로 인형극을 한다. 교사의 내레이션에 따라 인형을 조작할 수도 있고, 스스로 이야기의 순서를 기억해 말하며 할 수도 있다. 또는 이야기를 하는 친구와 인형을 조작하는 친구를 나누어 인형극을 하게 할 수도 있다.
같이 읽어요	📖 우리 집에 배추흰나비가 살아요 **최덕규 글·그림 / 살림어린이** 자연과 함께 하는 살림생태시리즈 5권. 배추흰나비 애벌레를 직접 키우는 과정을 보여주며 과학 지식도 함께 알려주는 책
	📖 피터의 의자 **에즈라 잭 키츠 글·그림 / 이진영 옮김 / 시공주니어** 몸이 커지면서 쓸 수 없게 된 나의 의자를 통해 동생에게 밀려난 자리를 고민하는 피터의 이야기가 그려져 있다. 이 책을 통해 성장하면서 겪는 변화에 대해 아이들과 이야기를 나눠 볼 수 있을 것이다.

마음대로 나타내요	🧑 나의 성장 과정 앨범 꾸미기 나비 모양으로 책을 만든다. 어렸을 때 사진과 현재 사진, 미래의 꿈에 관련된 사진을 모아 순서대로 붙인다. 어렸을 때의 이야기는 가족에게 듣고 적게 한다. 현재의 나를 소개하고 미래의 꿈에 관련된 글을 쓰게 해서 앨범을 꾸민다. 🧑 어떻게 될까? 책 만들기 '~면 ~이 됩니다.' 문장구조를 이용해 책을 만들어 본다. 병풍책 접기를 해서 책을 만든 후 원인이 되는 그림이나 글을 앞면에 붙여준다. 예를 들면, '비가 많이 내리면, 포도를 말리면, 장난감을 치우지 않으면, 물을 냉동실에 넣으면' 식으로 붙인 후 뒷면에 결과가 되는 그림이나 글을 적게 한다.
함께 놀아요	🧑 연극놀이: 애벌레가 되어 보자 애벌레가 먹고 싶어 할 것 같은 음식을 그려 색칠한다. 음식을 오려 애벌레가 다닐 만한 곳을 상상하고 교실의 여러 곳에 붙인다. 교사의 내레이션에 따라 모두 애벌레가 되어 즉흥극을 한다. "선생님이 하나, 둘, 셋 하면 여러분은 알이 되는 거예요. 하나, 둘, 셋! 나뭇잎 위에 알이 있었어요. 햇볕이 쨍쨍 내리쬐는 어느 날 알에서 뿅~ 애벌레가 태어났어요. 애벌레는 몹시 배가 고팠어요. 애벌레는 먹을 것을 찾아 꿈틀꿈틀 기어가기 시작했어요. 드디어 애벌레는 먹을 것을 찾았어요. 월요일에 애벌레는 OO을 맛있게 먹었어요. 그래도 배가 고팠어요. 그래서 다시 꿈틀꿈틀 기어가기 시작했어요. 애벌레는 …….." 🧑 미술활동: 애벌레와 나비 만들기 - 애벌레 만들기: 뿅뿅이나 스티로폼 공을 실로 바느질을 해서 길게 만든다. 눈과 더듬이를 붙여 애벌레를 만든 후 머리에 철사를 끼운다. - 나비 꾸미기: 물감을 짜서 데칼코마니 기법으로 표현한다. 나비 모양으로 오린 후 모루로 더듬이를 붙여준다. 또는 무늬색종이로 나비와 꽃 접기를 해서 색지에 붙여 봄 동산을 꾸며도 좋다. 🧑 과학활동: 배추 애벌레 키우며 나비 한살이 알기 채소밭에서 색이 진한 애벌레를 채집한다. 사육 상자에 화장지나 여과지를 깔고 망사로 덮개를 만들어 준다. 햇빛이 직접 비치지 않고 통풍이 잘 되는 곳에 놓는다. 물병을 솜으로 막은 후 먹이를 꽂아 준다. 🧑 수학활동: 분류하기 애벌레가 먹는 음식을 기준에 따라 분류해본다. 채소, 과일, 곡류로 분류할 수도 있고, 몸에 좋은 음식과 좋지 않은 음식으로 분류할 수도 있다. 또는 요일별로 먹은 음식과 수를 분류해 그래프를 그려도 좋겠다. 🧑 현장학습 : 나비를 보러 가요 현장학습을 가서 나비를 직접 구경할 수 있다. 서울어린이대공원, 파주나비나라박물관, 인천나비공원, 양평곤충박물관, 함평나비축제, 제주프시케월드 등.

커다란 순무

커다란 순무는 러시아의 옛이야기로 많은 사람들에게 알려져 있습니다. 아주 아주 커다랗게 자란 순무를 뽑을 수가 없어 할아버지가 할머니, 손녀, 개, 고양이, 쥐까지 집안의 모든 식구들을 불러 함께 뽑는다는 이야기입니다. 반복적인 구조로 되어 있어 이야기를 처음 스스로 읽게 할 때 활용하기 좋은 책입니다. '식물'이나 '도움'를 주제로 통합 활동을 진행해도 좋겠습니다.

활동 영역	관련 활동
너도나도 이야기해요	🗣️ 토의해서 공동으로 생각지도 만들기 : 다 함께 문제 해결을 해 봐요. '커다란 무를 뽑으려면?'이란 주제로 토론을 해서 공동으로 생각지도를 만들어 본다. 새롭게 낸 의견을 쓰고 그 의견을 어떻게 생각하는지 이야기 나눈 뒤에 교사가 생각지도 틀에 적어준다.
같이 읽어요	📚 커다란 순무 **알렉세이 톨스토이 글 / 헬렌 옥스버리 그림 / 박향주 옮김 / 시공주니어** 러시아 민화를 톨스토이가 동화로 각색해 쓴 작품. 헬렌 옥스버리가 세밀하고 익살스러운 그림으로 살렸다. 📚 커다란 순무 **신정민 글 / 송효정 그림 / 대교출판** 떼었다 붙였다 하는 스티커가 들어 있어 아이들이 이야기를 다시 꾸미며 놀이처럼 책을 볼 수 있다.
마음대로 나타내요	🧑 무로 무엇을 만들어 먹을까? 레시피 찾아 요리책 만들기 무로 만들 수 있는 요리를 찾아본다. 그중 하나를 정해 만드는 방법을 검색하고, 한 장씩 요리 방법과 재료를 적는다. 모아서 요리책으로 묶는다.

활동 영역	관련 활동
마음대로 나타내요	😊 내가 만든 무 요리 광고 만들기 무로 만든 요리를 광고한다면 어떻게 할까? 다른 광고지를 살펴보고 무엇을 적어야 하는지 이야기 나눈다. 사진과 그림을 이용하여 광고지를 꾸민다.
함께 놀아요	😊 연극놀이: 싹을 틔우는 농부 상자에 무씨와 편지를 넣어 놓는다. 상자 밖에는 '주의! 아주 소중한 것이 들어있음'이라고 써 놓는다. 아이들에게 오늘 이상한 소포가 왔다고 말하면서 상자 밖에 있는 것도 읽어보고, 어떤 소중한 것이 들었을까 함께 생각해 보게 하며 이야기 나눈다. 상자를 열어 편지를 읽는다(편지는 무씨가 보낸 것으로 땅에 뿌려 키워달라는 내용으로 미리 써 놓는다). 어떻게 씨앗을 뿌려야 하는지 이야기를 나누며 씨앗을 뿌리는 몸짓도 함께 해 본다. 밀짚모자를 준비해 놓고 교사가 농부 역할을, 아이들이 씨앗 역할을 맡아서 역할극을 해 본다. 교사는 싹이 된 아이들에게 물어보거나 아이들의 동작을 설명하는 등의 역할을 해 준다. "오늘은 씨를 뿌리는 날이지. 어디에 뿌릴까? 다 심었다. 휴~ 하루, 이틀, 사흘이 지났는데 왜 싹이 안 나오지? 무씨야 어디 있니? 얼른 나오너라. 나오려면 무엇이 필요하니?(아이들에게 묻는다) 물을 달라고? 음, 물을 줘야지. 왜 아직도 안 나오지? 음, 햇빛이 필요하다고? 그럼 햇빛을 모아 줘야지. 드디어 싹이 나오고 있네. 얼굴을 내밀고, 물을 더 줘야지. 잎이 하나 나왔네. 줄기도 점점 길어지고……." 라는 식으로 내레이션을 하며 극을 끌어나간다. 😊 연극놀이: 머리띠 역할극 하기 연극에 나올 주인공과 동물을 그리거나 색칠해 머리띠를 만든다. 교사가 내레이션을 해 주고 역할극을 한다. 또는 주도적으로 할 수 있는 아이에게 할아버지 역할을 맡기고 스스로 역할극을 이끌어가도록 할 수도 있다. 😊 과학활동: 무 싹 기르기 새싹을 기르는 통을 준비한다. 구멍이 뚫린 윗부분에 키친타월을 깔고 물을 뿌린 뒤 무씨를 뿌린다. 아래의 통에 물을 채워 뚜껑을 덮고 햇빛이 들지 않는 곳에 며칠 놔두면 싹이 튼다. 싹이 트고 나면 뚜껑을 열고 해가 드는 곳에 놔둔다. 통의 물을 매일 갈아주며 기른다. 😊 요리활동: 새싹 비빔밥 만들기 기른 새싹을 가위로 자른다. 볶은 채소들과 새싹을 밥에 넣고 양념장에 비벼 먹는다. 달걀을 부쳐 하나씩 올려도 좋겠다. 😊 미술: 무로 모양 찍기 무를 토막 내어 조각도나 칼로 모양을 판다. 물감을 묻혀 모양 찍기를 해 보자.

장갑

지은이 에우게니 M. 라초프
옮긴이 이영준
출판사 한림출판사

우크라이나 민화를 러시아의 그림책 대표작가 에우게니 M. 라초프가 다시 만든 책입니다. 추운 겨울날 할아버지가 떨어뜨린 장갑에 크고 작은 동물들이 오밀조밀 들어가 있는 걸 상상해 보며 마음 따뜻해지는 이야기입니다. 동물들이 들어가면서 창문도 생기고 사다리도 생기는 등 점차 변하는 장갑 그림을 보며 아이들은 책에 빠져듭니다. 빠른 발 토끼, 멋쟁이 여우 등 자기를 소개하며 서로 주고받는 말의 재미를 느낄 수 있습니다. 이 그림책 역시 반복적이고 점층적인 문장 구조로 구성되어 있어 초기 읽기 아이들이 읽기를 재미있게 배울 수 있을 것입니다. '나눔', '겨울'을 주제로 선정하여 통합 활동을 제시해도 좋겠습니다.

활동 영역	관련 활동
너도나도 이야기해요	👧 장갑 인형놀이 하기 커다란 오븐 장갑, 손 안에 들어가는 작은 인형 등을 이용해 인형놀이를 해 본다. 작은 동물에게 별명을 붙여주자. 장갑에 들어가려고 하는 동물과 장갑이 좁은데도 들어오라고 말하는 동물 사이에 서로 주고받는 말놀이를 해 본다면 아이들은 정말 즐거워할 것이다. 👧 동시 읽기: 쭈그렁 냄비 (위기철 / '신발 속에 사는 악어(사계절)' 중에서) 코끼리, 기린, 하마 아저씨가 한밤중에 부엌에 들어가 찬장을 뒤지다가 접시를 깨서 냄비 속에 숨는다는 재미있는 시다. 함께 읽어주면 반복적인 구조로 제시된 말의 재미와 상상의 즐거움을 느낄 수 있을 것이다.
같이 읽어요	📚 빨간 장갑 **짐 아일스워스 글 / 바바라 매클린톡 그림 / 문주선 옮김 / 베틀북** 같은 우크라이나 민화를 다른 작가가 다른 그림과 이야기로 만든 그림책. 그림의 느낌이나 문체, 이야기의 결론도 달라 〈장갑〉과 비교해 보며 함께 읽어보면 좋을 책이다. 📚 눈사람 아저씨 **레이먼드 브릭스 그림 / 마루벌** 글 없는 그림책이지만 섬세한 표현과 생생한 인물의 표정을 보면서 아이들은 스스로 이야기를 만든다. 부드러운 파스텔 톤의 그림을 보며 눈사람과의 시간을 상상해 볼 수 있다.

마음대로 나타내요	🧑 **이야기 덧붙이기와 뒷이야기 다시 쓰기** 장갑 모양의 책을 만들어 그림을 순서대로 붙이고 이야기를 다시 써 본다. 책을 만들 때 추가로 들어갈 동물을 정하고 별명과 주고받는 말을 써 넣어 중간 이야기를 덧붙일 수 있다. 또는 뒷이야기를 바꾸어 쓸 수도 있다. '장갑'에서는 할아버지가 장갑을 찾으러 와서 동물들이 도망간다는 이야기로, '빨간 장갑'에서는 장갑이 터져 버리는 것으로 이야기가 끝이 난다. 마음대로 상상하여 새로운 마무리를 생각해서 이야기를 다시 써 보게 한다. 스스로 쓰기 어려운 경우 그림을 그리게 하고 교사가 써 주어도 좋겠다. 🧑 **밴다이어그램 만들기** 칠판에 커다란 밴다이어그램을 그린다. '장갑'과 '빨간 장갑'을 비교하여 차이점과 공통점을 찾아 밴다이어그램에 함께 채워 본다. 🧑 **나를 표현하는 말을 붙여 이름표 만들기** 그림책에서는 동물들이 자기를 표현하는 말을 이름 앞에 넣어 소개하고 있다. 아이들도 자기를 표현할 수 있는 말을 이름 앞에 붙이게 해 보자. 자기가 잘하는 것이나 자랑스러워하는 것을 찾아보게 하면 좋겠다. 이름표를 예쁘게 꾸민 후 명패처럼 삼각으로 접어 책상 위에 붙이게 한다.
함께 놀아요	🧑 **연극놀이: 전체 즉흥극 하기** 극 중 인물을 각자 정한다. 새로운 동물을 상상해 정해도 좋다. 각자 자기를 소개할 말을 정한 후, 그 인물이 있어야 할 장소를 스스로 골라서 자리를 잡는다. 교사가 장갑을 떨어뜨리는 할아버지 역할을 하며 전체 즉흥극을 시작한다. 아이들이 스스로 극을 끌어가지 못할 때는 교사의 내레이션을 따라 동작과 대사를 하도록 유도한다. 🧑 **생활: 다섯 손가락장갑 끼기** 손가락장갑을 끼기 어려워하는 친구들은 단계별로 장갑끼기 연습을 하는 것이 필요하다. 틀이 잡혀있는 고무장갑, 가죽장갑부터 시작해 털장갑, 위생비닐장갑 끼기를 연습해 보자. 🧑 **실과: 뜨개질하기** 고학년이 되면 아이들은 뜨개질을 배우고 싶어 한다. 쉽지는 않지만 배우면 집중력과 성취감을 느낄 수 있는 활동이기도 하다. 쉬운 겉뜨기와 안뜨기로 목도리 뜨기를 시도해 보자. 🧑 **미술: 장갑 꾸미기** 종이를 벙어리장갑 모양으로 오려 스팽글, 털실, 뿅뿅이, 색종이 등으로 예쁘게 꾸민다. 손을 대고 그려 손가락장갑을 만들 수도 있다. 털실로 장갑을 이어 목걸이를 만들어도 좋다. 🧑 **과학: 동물들의 겨울나기에 관한 백과사전 만들기** 동물들의 겨울나기에 대해 인터넷, 과학책 등을 찾아보고 정보를 수집한다. 그 중 소개하고 싶은 동물을 하나씩 정해 겨울나기 방법에 대한 소개글과 그림으로 꾸민다. 학급 아이들이 만든 것을 모아 백과사전으로 묶는다.

 ## 바람과 해님

'바람과 해님'은 라 퐁테느(1621~1695)의 우화 중 하나이며 대부분의 사람들이 알고 있는 이야기입니다. 이야기에서 보여주고 있는 인생의 교훈이나 철학의 내용은 깊이가 있지만 이야기의 구조가 간단해서 2단계의 교재로 정했습니다. 2단계 학생들의 읽기 수준을 고려해 글을 짧고 간단하게 재구성하였습니다. 반복적인 문장구조로 되어 있지는 않지만 주인공의 의도와 행동, 행동의 결과가 명확하게 드러나 있는 이야기여서 이해하기 어렵지 않습니다. '날씨'를 관련 주제로 선정해 통합 활동을 제시해도 좋겠습니다.

활동 영역	관련 활동
너도나도 이야기해요	🧑 나는야 기상캐스터 일기를 예보하는 뉴스 장면을 함께 보고, 어떤 내용을 말해야 하는지, 어떤 자세로 서 있는지, 손짓은 어떻게 하는지 이야기를 나눈다. 내일의 일기예보를 함께 찾아본 후 기상캐스터가 읽을 대본을 함께 만든다. 어려워한다면 기본 문장을 주고 채워서 완성하게 할 수 있다. 마이크를 들고 기상캐스터처럼 날씨를 예보해 본다. 동영상으로 찍어 친구들에게 보여준다.
같이 읽어요	📗 바람과 해님 **라 퐁테느 글 / 브라이언 와일드 스미스 그림 / 보림출판사** 그림의 색채감이 뛰어나며 바람이 불 때와 해가 비칠 때 사람들과 동물들이 하는 행동을 독특하고 멋지게 표현하였다.
	📘 해와 바람 **헤더 포레스트 글 / 수잔 게이버 그림 / 엄혜숙 옮김 / 도토리숲** 같은 바람과 해님의 이야기지만 글의 구조가 짧고 단순해서 읽기 쉽다. 생생한 대화를 많이 넣어 재미있게 구성하였다.

활동 영역	관련 활동
마음대로 나타내요	😀 만화책 만들기 해와 바람이 처음 만나는 장면, 나그네가 나타나자 내기를 약속하는 장면, 바람이 부는 장면, 해가 비치는 장면을 꾸미는 데 필요한 그림을 준다. 그림을 적절한 위치에 붙인 후 빈 곳에 만화를 그린다. 해님과 바람이 주고받는 대화를 써서 만화책을 완성한다. 😀 '얼굴책' 만들기 색지를 얼굴책으로 접은 후 입과 코 모양을 중심으로 해님 얼굴과 바람 얼굴을 그린다. 옆면에는 해님과 바람이 할 말을 써넣는다. 얼굴책을 들고 친구와 종이인형극을 해 볼 수 있다.
함께 놀아요	😀 연극놀이: 바람 부는 날, 햇살 가득한 날 커다란 부채와 스탠드 갓을 벗긴 등이 필요하다. 4~5명이 한 조가 된다. 각 조에서 바람이나 해님을 할 사람과 어떤 날씨의 장면을 표현할지 정한다. 예를 들어 바람이 부는 날을 정했다면 동물들이 어떻게 하는지, 사람들은 어떤 동작을 하는지 이야기 나눈 후 자신의 정지 동작을 만든다. 교사가 '하나, 둘, 셋' 신호를 주면 다른 친구들은 조각상이 되어 정지 동작을 보여준다. 교사가 땡을 치면 부채를 맡은 친구는 커다란 부채를 부치고 조각상을 표현한 친구들은 살아나 움직임을 표현한다. 다시 정지 동작을 만든 후 한 명만 깨워 인터뷰를 해 볼 수도 있다. 예를 들면 바람에게 "왜 이렇게 바람을 세게 부나요?"라고 질문하거나 조각상에게 "바람이 부니까 어떤가요?" 등의 질문을 할 수 있다. 😀 수학활동: 일기예보 읽고 표 만들기 인터넷에서 주간 일기예보를 찾아보고 똑같이 표를 만든다. 일주일간 실제 날씨가 어떠했는지 표의 아래에 기록한다. 😀 과학활동: 풍향계 만들기 종이컵을 엎어 놓고 동서남북이 쓰여 있는 십자화살표를 붙인 후 수수깡을 T자로 만들어 핀으로 꽂는다. 위에 있는 수수깡 양 끝에는 화살표와 사다리꼴로 색종이를 붙인다. 바람이 부는 날 나가서 어느 방향을 가리키는지 살펴보자. 😀 미술활동: 날씨에 따른 풍경 연작을 그려 병풍 만들기 나무와 땅만 스케치 되어 있는 기본 그림을 준다. 눈이 오는 날, 비가 오는 날, 바람 부는 날, 햇살 가득한 날 등을 밑그림 위에 덧그리고 색칠한다. 색지를 병풍 접기로 접은 후 연작 그림을 붙인다.

개미와 베짱이

개미와 베짱이는 누구나 아는 라 퐁테느의 우화입니다. 부지런하게 살아야 한다는 교훈을 알려줍니다. 원작과 달리 개미는 베짱이에게 먹을 것을 나눠 주고 베짱이는 개미에게 노래를 불러주는 것으로 이야기를 각색하였습니다. 따옴표 부분을 실감 나게 읽기, 바른 위치에서 끊어 읽기를 연습하기 좋게 글을 적었습니다. 이야기의 내용과 구조에서 끌어낼 수 있는 중심활동으로 주인공의 생각 읽기, 두 주인공의 성격과 행동 비교하기, 반대말 배우기 등을 연계해 배우도록 제시했습니다. '곤충', '계절' 등을 주제로 통합 활동을 제시해도 좋을 것입니다.

활동 영역	관련 활동
너도나도 이야기해요	🐜 '아이 엠 그라운드' 곤충 이름 말하기 누구나 아는 놀이, 곤충 도감을 보고 곤충 이름 말하기를 해보면 어떨까? 🐜 곤충 5단계 수수께끼 카드놀이 곤충에 관해 아래로 내려갈수록 구체적인 힌트를 제공하는 5단계 카드를 준비한다. 맞추는 단계에 따라 얻는 칩의 개수를 달리해 카드놀이를 한다.
같이 읽어요	📚 거꾸로 읽는 개미와 베짱이 **프랑스와즈 사강 글 / JB 드루오 그림 / 이정주 옮김 / 국민서관** 성실만 강조하는 이솝우화를 탈피해 진정한 행복의 가치를 보여주는 패러디 그림책.

활동 영역	관련 활동
같이 읽어요	📚 왕치와 소새와 개미 **채만식 글 / 최민오 그림 / 다림** 풍자소설의 대가인 채만식의 작품으로 우리말의 재미와 해학이 살아있는 우화. 왕치의 머리가 훌렁 벗겨지고 소새의 주둥이가 뚜우 나오고 개미의 허리가 잘록한 것은 다 이유가 있단다. 📚 봄여름가을겨울 곤충도감 **한영식 글 / 진선아이** 568종의 우리나라 곤충을 800여 컷의 생생한 사진으로 담고 자세한 설명을 더했다. 계절별 곤충의 변화를 알 수 있다.
마음대로 나타내요	🎭 무대와 막대인형극 만들기 본문에 소개된 무대책 만드는 방법을 활용해 여러 명이 함께 막대 인형극을 할 수도 있다. 무대책을 여러 개 접는다. 여름 풍경과 겨울 풍경, 개미네 집 등으로 나누어 무대책에 배경을 그린다. 개미와 베짱이도 뿅뿅이나 수수깡을 이용해 입체로 만들어 인형극을 하면 훨씬 재미있을 것이다.
함께 놀아요	🔬 과학활동: 아쿠아액에서 개미 기르기 잘 볼 수 없었던 개미집을 투명한 젤리를 통해 3차원으로 관찰할 수 있게 만든 것이다. 투명한 아쿠아액은 개미에게 먹이와 수분을 공급하기도 한다. 🎨 미술활동: 지문찍기로 개미 그리기 개미집을 그려 밑판으로 제시한다. 세 부분으로 나누어진 개미의 특성을 살려 세 개의 지문을 찍은 후 다리와 더듬이 등을 그려 개미를 표현하게 한다.

목차

이야기와 놀자

이야기 하나

빠약! 우리 엄마세요? 30

이야기 둘

괜찮아 41

이야기 셋

배고픈 애벌레 59

커다란 순무 81

장갑 ....  99

바람과 해님 118

개미와 베짱이 133

삐악! 우리 엄마세요?

삐악!
알에서 병아리가
태어났어요.

"삐악! 우리 엄마세요?"

병아리는 고양이에게 물었어요.

"야옹, 나는 고양이 엄마란다."

선생님께 한마디 중심 단어를 붉은 색 고딕체로 표시하였습니다. 중심 단어를 먼저 읽고 반복되는 문장을 읽게 하면 문장 읽기를 훨씬 수월하게 할 것입니다.

"삐악! 우리 엄마세요?"

병아리는 개에게 물었어요.

"멍멍, 나는 강아지 엄마란다."

"삐악! 우리 엄마세요?"

병아리는 개구리에게 물었어요.

"개굴개굴, 나는 올챙이 엄마란다."

"삐악! 우리 엄마세요?"

병아리는 소에게 물었어요.

"음매, 나는 송아지 엄마란다."

"삐악! 우리 엄마세요?"

병아리는 닭에게 물었어요.

"꼬꼬댁, 우리 아가!"

닭은 병아리를 꼭 안아주었어요.

월   일   요일   확인

 글마중을 아래와 같은 방법으로 읽고, 읽은 수만큼 그림에
○ 하세요.

① 선생님은 검은색 글자를,

어린이는 붉은색 글자를 읽어 보세요.

② 선생님을 따라 읽어 보세요.

③ 친구와 번갈아 읽어 보세요.

 병아리의 엄마를 찾아주세요. 여러 동물이 되어 역할극을
해 보세요.

다음 글을 읽고 알맞은 답을 고르거나 쓰세요.

삐악! 알에서 병아리가 태어났어요.

"삐악! 우리 엄마세요?"
병아리는 고양이에게 물었어요.
"야옹, 나는 고양이 엄마란다."

1. 알에서 누가 태어났나요? ·································· (   )

　　① 병아리　　② 고양이　　③ 올챙이　　④ 송아지

2. 병아리는 태어나면서 무엇이라고 말했나요? ··· (   )

　　① 멍멍　　　② 야옹　　　③ 꿀꿀　　　④ 삐악

3. 병아리는 누구를 찾고 있나요? ······················· (   )

　　① 친구　　　② 아빠　　　③ 엄마　　　④ 고양이

4. 병아리는 누구에게 물었나요? ························· (   )

　　① 병아리　　② 고양이　　③ 올챙이　　④ 개구리

5. 고양이의 울음소리를 쓰세요.

　　┌──────────────┐
　　│   │
　　│   │
　　└──────────────┘

월   일   요일   확인

 다음 글을 읽고 알맞은 답을 고르거나 쓰세요.

"삐악! 우리 엄마세요?"
병아리는 개에게 물었어요.
"멍멍, 나는 강아지 엄마란다."

1. 병아리는 누구를 찾고 있나요?

2. 개는 누구의 엄마일까요? ·· (   )
   ① 병아리   ② 고양이   ③ 강아지   ④ 송아지

"삐악! 우리 엄마세요?"
병아리는 개구리에게 물었어요.
"개굴개굴, 나는 올챙이 엄마란다."

3. 병아리는 누구에게 물었나요?

4. 개구리는 누구의 엄마일까요?

다음 글을 읽고 알맞은 답을 쓰세요.

> "삐악! 우리 엄마세요?"
> 병아리는 소에게 물었어요.
> "음매, 나는 송아지 엄마란다."

1. 소는 누구의 엄마일까요?

2. 소의 울음소리를 쓰세요.

> "삐악! 우리 엄마세요?"
> 병아리는 닭에게 물었어요.
> "꼬꼬댁, 우리 아가!"
> 닭은 병아리를 꼭 안아주었어요.

3. 병아리의 엄마는 누구였나요?

4. 엄마는 병아리를 만나자 어떻게 해 주었나요?

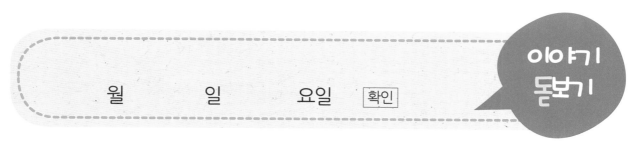
 누가 병아리에게 답했을까요? 붙임자료 에서 찾아 알맞게 붙여 보세요.

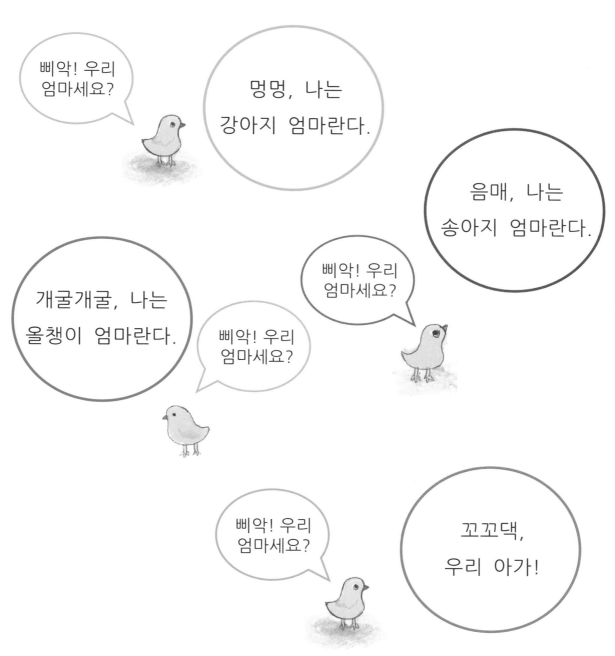

삐악! 우리 엄마세요?

멍멍, 나는 강아지 엄마란다.

음매, 나는 송아지 엄마란다.

개굴개굴, 나는 올챙이 엄마란다.

삐악! 우리 엄마세요?

삐악! 우리 엄마세요?

삐악! 우리 엄마세요?

꼬꼬댁, 우리 아가!

* 붙임자료는 169쪽에 있습니다.

 글마중을 다시 읽고 알맞은 답을 고르거나 쓰세요.

1. 누가 알에서 태어났나요?

2. 병아리는 누구를 찾고 있나요?

3. 병아리는 엄마를 찾기 위해 누구에게 찾아갔나요?
   모두 ○ 하세요.

오리	개	고양이	코끼리
돼지	염소	소	닭	개구리

4. 병아리의 엄마는 누구였나요?

월   일   요일   확인

 어울리는 동물의 울음소리를 〈보기〉에서 찾아 쓰세요.

〈보기〉   꿀꿀   꽥꽥   꼬꼬댁   멍멍   음매   삐악

 동물의 새끼와 어미를 찾아 연결해 보세요.

병아리	•	•	개
올챙이	•	•	개구리
강아지	•	•	닭
송아지	•	•	소

병아리의 엄마를 찾기 위해 광고를 하려고 합니다. 병아리의 모습을 그리고, 엄마에게 하고 싶은 말을 써 보세요.

병아리의 엄마를 찾아주세요!

(엄마가 알아볼 수 있도록 병아리의 모습을 그려주세요.)

- 나이:
- 태어난 곳:
- 태어나서 한 말:
- 엄마에게 하고 싶은 말:

괜찮아

개미는 작아.

괜찮아!

영차영차 나는 힘이 세.

고슴도치는 가시가 많아.

괜찮아!

뽀족뽀족 나는 무섭지 않아.

선생님께 한마디 중심 단어를 붉은 색 고딕체로 표시하였습니다. 중심 단어를 먼저 읽고 반복되는 문장을 읽으면 문장 읽기가 훨씬 수월할 것입니다.

뱀은 다리가 없어.

괜찮아!

사사사사 나는 어디든 잘 기어가.

타조는 못 날아.

괜찮아!

다다다다 나는 빨리 달려.

기린은 목이 길어.

괜찮아!
길쭉길쭉 나는 높이 닿아.

나는 높이 닿아.
나는 빨리 달려.
나는 잘 기어가.
나는 무섭지 않아.
나는 힘이 세.

그럼 너는?

괜찮아!

나는 세상에서 가장 크게
웃을 수 있어.

글마중을 아래와 같은 방법으로 읽고, 읽은 수만큼 그림에
○ 하세요.

① 붉은 글자만 읽어 보세요.

② 선생님을 따라 읽어 보세요.

③ 친구와 번갈아 읽어 보세요.

 여러분에게는 어떤 자랑거리가 있나요? 자신의 얼굴을 그려
보고, 자랑거리를 써 보세요.

그럼
너는?

나는 _____ 할 수 있어.

다음 글을 읽고 알맞은 답을 고르거나 쓰세요.

> 개미는 작아.
>
> 괜찮아!
> 영차영차 나는 힘이 세.

1. 개미는 어떤 특징을 가지고 있나요? ·········· (   )

    ① 크다.   ② 작다.   ③ 가시가 많다.   ④ 다리가 없다.

2. 개미의 좋은 점은 무엇인가요? ·········· (   )

    ① 게으르다.   ② 힘이 세다.
    ③ 빨리 달린다.   ④ 크기가 작다.

3. 개미의 특징을 모두 골라 ○ 하세요.

작다.	게으르다.	힘이 세다.	크다.

4. 짐을 나르거나 힘을 쓸 때 어떤 소리를 낼까요? (   )

    ① 영차영차   ② 산들산들
    ③ 야금야금   ④ 뾰족뾰족

5. 개미는 [   ]. 하지만 힘이 [   ].

다음 글을 읽고 알맞은 답을 고르거나 쓰세요.

고슴도치는 가시가 많아.

괜찮아!
뾰족뾰족 나는 무섭지 않아.

1. 고슴도치는 어떤 특징을 가지고 있나요? .... (   )

　　① 발이 없다.　　　　　　② 냄새가 난다.
　　③ 가시가 많다.　　　　　④ 목이 너무 길다.

2. 공격을 받은 고슴도치는 어떻게 할까요? .... (   )

　　① 도망간다.　　　　　　　② 죽은 척한다.
　　③ 가시를 뾰족뾰족 세운다.

3. 고슴도치는 무엇이 많아서 무섭지 않다고 했나요?

　　① 이빨　　　② 가시　　　③ 발톱　　　④ 다리

4. 　[   ]　는 가시가 많아서 힘센 동물도 무섭지 않아요.

5. 고슴도치 등에는 　[   ]　가 많이 있어요.

이야기 돋보기

월   일   요일   확인

다음 글을 읽고 알맞은 답을 고르거나 쓰세요.

뱀은 다리가 없어.

괜찮아!
사사사사 나는 어디든 잘 기어가.

1. 뱀에게 없는 것은 무엇인가요? ─────────── (   )

　① 혀　　　　　② 눈　　　　　③ 다리　　　　　④ 꼬리

2. 뱀이 잘하는 것은 무엇인가요? ─────────── (   )

　① 춤추기　　　　　　② 어디든지 잘 기어가기
　③ 빨리 달리기　　　　④ 높이 날기

3. 뱀의 특징을 모두 골라 ○ 하세요.

다리가 없다.	가시가 많다.	어디든 잘 기어간다.

4. 뱀이 기어가는 것을 흉내 낸 말은 무엇인가요? (   )

　① 다다다다　　　　② 사사사사　　　　③ 라라라라

5. ☐☐☐ 은 다리가 없지만 잘 기어가요.

48 2단계 3권 | 이야기와 놀자

월   일   요일   확인

 다음 글을 읽고 알맞은 답을 고르거나 쓰세요.

타조는 못 날아.

괜찮아!
다다다다 나는 빨리 달려.

1. 타조가 하지 못하는 것은 무엇인가요? ⋯⋯⋯⋯⋯⋯ (   )

   ① 춤추기   ② 날기   ③ 달리기   ④ 걷기

2. 타조는 무엇을 잘하나요? ⋯⋯⋯⋯⋯⋯⋯⋯⋯⋯⋯ (   )

   ① 빨리 달리기   ② 노래하기   ③ 춤추기   ④ 높이 날기

3. 타조의 특징을 모두 골라 ○ 하세요.

날지 못한다.	노래를 잘한다.	빨리 달린다.

4. 타조가 뛰어가는 모습을 흉내 낸 말은 무엇인가요?(   )

   ① 다다다다   ② 사사사사   ③ 라라라라

5. [   ] 는 날지 못하지만 빨리 달려요.

월   일   요일   [확인]

 다음 글을 읽고 알맞은 답을 고르거나 쓰세요.

> 기린은 목이 너무 길어.
>
> 괜찮아!
> 길쭉길쭉 나는 높이 닿아.

1. 기린은 어떤 특징을 가지고 있나요? ·········· (   )

   ① 뚱뚱하다.   ② 가시가 있다.
   ③ 발이 없다.   ④ 목이 너무 길다.

2. 기린은 목이 길어서 무엇을 잘하나요? ·········· (   )

   ① 춤추기   ② 높은 곳에 닿기
   ③ 빨리 달리기   ④ 어디든 잘 기어가기

3. 기린의 특징을 모두 골라 ○ 하세요.

뚱뚱하다.	목이 길다.	높은 곳에 닿는다.

4. 다음 [   ] 에 들어갈 알맞은 말은 무엇인가요?(   )

   기린의 목은 [   ] 합니다.

   ① 오동통   ② 길쭉길쭉   ③ 동글동글   ④ 뾰족뾰족

다음 글을 읽고 알맞은 답을 고르거나 쓰세요.

나는 높이 닿아.   나는 무섭지 않아.

나는 빨리 달려.   나는 힘이 세.

나는 잘 기어가.

1. 높이 닿을 수 있는 동물은 무엇일까요?

2. 빨리 달릴 수 있는 동물은 무엇일까요?

3. 잘 기어가는 동물은 무엇일까요?

4. 무섭지 않은 동물은 무엇일까요?

5. 힘이 센 동물은 무엇일까요?

〈보기〉   기린   개미   고슴도치   타조   뱀

그럼 너는?

괜찮아!

나는 세상에서 가장 크게 웃을 수 있어.

6. 나는 세상에서 가장 크게   .

이야기 돋보기

월   일   요일   확인

 어울리는 것끼리 연결해 보세요.

 •   • 작지만
                               힘이 세다.

 •   • 가시가 있어서
                               무섭지 않다.

 •   • 다리가 없지만
                               어디든 잘 기어간다.

 •   • 날지 못하지만
                               빨리 달린다.

 •   • 목이 길어서
                               높이 닿는다.

 •   • 세상에서 가장 크게
                               웃을 수 있다.

어려운 글자를 따라 써 보세요.

괜	찮	아
괜	찮	아
괜	찮	아

지연: 민주야, 미안해.
민주: 괜찮아.

비가 와도 괜찮아.
우산 쓰고 가면 되지.

 알맞은 말을 〈보기〉에서 찾아 [   ] 안에 써 보세요.

〈보기〉

높다

길다

세다

무섭다

빠르다

• 개미는 힘이 [   ].

• 기린은 목이 [   ].

• 타조는 달리기가 [   ].

• 백두산은 [   ].

• 깜깜한 밤에 혼자 있으니 [   ].

월   일   요일   확인

⭐ '괜찮아' 그림책을 만들어 보세요.

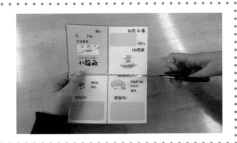

① 사진처럼 종이를 반을 접어 가위로 빨간 점선을 잘라요.

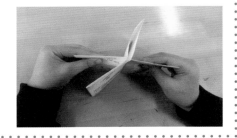

② 점선대로 접어 책을 만들어요.

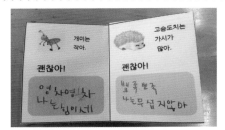

③ 빈칸에 붙임자료 의 문장카드를 붙이거나 보고 쓰세요.

* 만들기자료는 153쪽에 있습니다.   * 붙임자료는 169쪽에 있습니다.

우리말
약속

 부림말에 대해 알아봅시다.

"워~ 워~"
할아버지가 소를 시켜
쟁기를 끌어 밭을
갈게 해요.

할아버지가 **소를** 부려요.   소가 **쟁기를** 부려요.

"이랴 이랴"
아저씨가 말을 시켜
마차를 끌게 해요.

아저씨가 **말을** 부려요.   말이 **마차를** 끌어요.

문장에서 **풀이말의 대상이 되는 말**을 부림말이라고 합니다.
부림말은 '무엇을'에 해당되는 말입니다.

할아버지가 말을 부려요.   말이 마차를 끌어요.

부림말

선생님께 한마디 문장성분이나 용어를 익히는 것보다 문장구조에 맞게 쓰는 것이 목표입니다. 학생들의
연령이나 능력에 따라 '부림말' 대신 '무엇을'로 설명해주어도 좋습니다.

부림말에 ○ 하세요.

 닭은 (병아리를) 꼭 안아주었어요.
　　　　　부림말

	이모가 사과를 먹습니다.
	아빠가 신문을 봅니다.
	준호가 피리를 붑니다.
	서연이가 줄넘기를 합니다.
	친구들이 제기를 찹니다.

선생님께 한마디   '누가(무엇이) <u>무엇을</u> 어찌하다'로 구성된 문장에서 부림말(목적어)은 '무엇을'로 쓰이는 말입니다.

우리말 약속

 부림말에 ○ 하세요.

 할아버지가 (순무씨를) 뿌린다.

부림말

 손님이 구두를 신는다.	 민지가 우유를 마신다.
 제빵사가 빵을 만든다.	 동생이 사진을 찍는다.
 엄마가 오렌지를 담는다.	 지수가 손을 든다.

선생님께 한마디   '누가(무엇이) 무엇을 어찌하다'로 구성된 문장에서 부림말(목적어)을 찾도록 합니다.

'무엇을'에 해당되는 부림말에 ○ 하세요.

 애벌레가 (나뭇잎을) 먹었습니다.

부림말

	애벌레는 고치 집을 지었습니다.
	애벌레가 사과를 먹었습니다.
	할아버지가 장갑을 떨어뜨렸습니다.
	나그네는 외투를 벗었습니다.
	타조는 달리기를 잘합니다.
	기린이 나뭇잎을 먹었습니다.

배고픈 애벌레

나뭇잎 위에

작은 **알**이

하나 있습니다.

어느 **일요일** 아침,

알 속에서 작은 **애벌레** 한 마리가

톡 튀어나왔습니다.

작은 **애벌레**는

배가 몹시 고팠습니다.

선생님께 한마디 중심 단어를 붉은색 고딕체로 표시하였습니다. 중심 단어를 먼저 읽고 반복되는 문장을 읽게 하면 문장 읽기를 훨씬 수월하게 할 것입니다. 끊어 읽어야 하는 문구를 한 줄씩 배치하였습니다. 바른 위치에서 끊어 읽을 수 있도록 연습시켜 주세요.

월요일에 애벌레는

사과 하나를 먹었습니다.

여전히 배가 고팠어요.

화요일에 애벌레는

배 두 개를 먹었습니다.

배가 고팠어요.

수요일에 애벌레는

자두 세 개를 먹었습니다.

그래도 배가 고팠어요.

목요일에 애벌레는

딸기를 네 개나 먹었습니다.

또 배가 고팠어요.

금요일에 애벌레는

귤 다섯 개를 먹었습니다.

여전히 배가 고팠어요.

토요일에 애벌레는

케이크, 아이스크림, 치즈, 소시지,

막대사탕, 파이, 컵케이크,

수박을 먹었습니다.

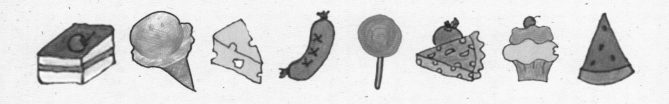

애벌레는 배가 아팠어요.

일요일에 **애벌레**는

푸른 잎을 먹었습니다.

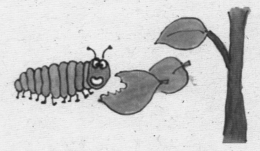

이제 배가 고프지 않아요.

애벌레는 크고 뚱뚱해졌습니다.

커다란 **애벌레**는

고치 집을 지었습니다.

번데기가 되어

두 주일 동안 잠을 잤습니다.

마침내 **애벌레**는

아름다운 **나비**가 되었습니다.

월   일   요일   확인

글마중을 아래와 같은 방법으로 읽고, 읽은 수만큼 그림에
○ 하세요.

① 붉은 글자만 읽어 보세요.

② 선생님을 따라 읽어 보세요.

③ 친구와 번갈아 읽어 보세요.

 애벌레와 애벌레의 음식을 만들어 인형극을 해 보세요.

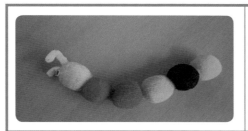	① 뽕뽕이를 실로 쭉 꿴 후 눈과 더듬이를 붙여 애벌레를 만들어요.
	② 애벌레가 먹은 음식을 색종이로 오려 구멍을 뚫어요.
	③ 재미있게 배고픈 애벌레 인형극을 해 보세요.

다음 글을 읽고 알맞은 답을 고르거나 쓰세요.

> 나뭇잎 위에 작은 알이 하나 있습니다. 어느 일요일 아침,
> 알 속에서 작은 애벌레 한 마리가 톡 튀어나왔습니다.
> 작은 애벌레는 배가 몹시 고팠습니다.

1. 어디에 작은 알이 있나요?

   ┌────────────────────┐
   │   │에 작은 알이 있습니다.
   └────────────────────┘

2. 나뭇잎 위에 무엇이 있나요? ······························· (   )

   ① 알   ② 애벌레   ③ 번데기   ④ 나비

3. 알에서 무엇이 나왔나요? ······························· (   )

   ① 알   ② 애벌레   ③ 번데기   ④ 나비

4. 알에서 애벌레가 언제 나왔나요? ······················ (   )

   ① 일요일 점심때   ② 일요일 아침   ③ 토요일 밤

5. 애벌레는 어떻게 생겼나요? ······························· (   )

   ① 뚱뚱했다   ② 작았다   ③ 커다랗다   ④ 징그럽다

6. 알에서 태어난 작은 애벌레는 어땠나요? ············· (   )

   ① 배가 고팠습니다.   ② 배가 아팠습니다.
   ③ 배가 불렀습니다.   ④ 배가 뚱뚱했습니다.

월   일   요일   확인

 다음 글을 읽고 알맞은 답을 고르거나 쓰세요.

월요일에 애벌레는 사과 하나를 먹었습니다.
여전히 배가 고팠어요.

1. 언제 애벌레는 사과를 먹었나요? .... (   )
   ① 월요일   ② 화요일   ③ 수요일   ④ 목요일

2. 월요일에 애벌레는 무엇을 먹었나요?   [   ]

3. 월요일에 애벌레는 사과 몇 개를 먹었나요?   [   ] 개

4. 애벌레는 사과 하나를 먹고 나서 어땠나요? .... (   )
   ① 배가 아팠어요.   ② 여전히 배가 고팠어요.

화요일에 애벌레는 배 두 개를 먹었습니다.
여전히 배가 고팠어요.

5. 언제 애벌레는 배를 먹었나요? .... (   )
   ① 월요일   ② 화요일   ③ 수요일   ④ 목요일

6. 화요일에 애벌레는 무엇을 먹었나요?   [   ] [   ] 개

7. 애벌레는 배 두 개를 먹고 나서 어땠나요? .... (   )
   ① 배가 아팠어요.   ② 여전히 배가 고팠어요.

다음 글을 읽고 알맞은 답을 쓰세요.

> 수요일에 애벌레는 자두 세 개를 먹었습니다.
>
> 그래도 배가 고팠어요.
>
> 목요일에는 애벌레는 딸기를 네 개나 먹었습니다.
>
> 또 배가 고팠어요.

1. 수요일에 애벌레는 무엇을 먹었나요?   ☐

2. 애벌레는 자두 세 개를 먹고 나서 어땠나요?

   그래도 배가 ☐ .

3. 목요일에 애벌레는 무엇을 먹었나요?   ☐

4. 목요일에 애벌레는 딸기 몇 개를 먹었나요?   ☐

5. 애벌레는 딸기 네 개를 먹고 나서 어땠나요?

   또 배가 ☐ .

월　　　　일　　　　요일　　[확인]

 다음 글을 읽고 알맞은 답을 쓰세요.

금요일에 애벌레는 귤 다섯 개를 먹었습니다.
아직도 배가 고팠어요.

1. 애벌레는 금요일에 무엇을 먹었나요?

2. 귤을 먹고 나니 어땠나요? ＿＿＿＿＿＿＿＿＿＿.

토요일에 애벌레는 케이크, 아이스크림, 치즈, 소시지,
막대사탕, 파이, 컵케이크, 수박을 먹었습니다.
애벌레는 배가 아팠어요.

3. 토요일에 애벌레가 먹은 것에 ○ 하세요.

막대사탕	사과	수박	컵케이크	배	소시지
나뭇잎	햄	케이크	파이	귤	아이스크림	치즈

4. 토요일에 많은 음식을 먹고 애벌레는 어땠나요?

애벌레는 배가 ＿＿＿＿＿＿.

5. 애벌레가 먹은 음식 중 내가 제일 좋아하는 것은 무엇인가요?

다음 글을 읽고 알맞은 답을 고르거나 쓰세요.

일요일에 애벌레는 푸른 잎을 먹었습니다.

이제 배가 고프지 않아요.

애벌레는 크고 뚱뚱해졌습니다.

1. 일요일에 애벌레는 무엇을 먹었나요?

2. 푸른 잎을 먹고 나서 애벌레는 어떻게 되었나요?

　　　　　　　　　　　　　　　　　　　　　　(　　　　),(　　　　)

　① 배가 고팠어요. 　　　　② 배가 고프지 않아요.
　③ 작아졌어요. 　　　　　④ 크고 뚱뚱해졌어요.

커다란 애벌레는 고치 집을 지었습니다.

번데기가 되어 두 주일 동안 잠을 잤습니다.

3. 커다란 애벌레는 무엇을 지었나요?

　　　　　　　　　을 지었습니다.

4. 애벌레는 무엇이 되었나요?

5. 번데기가 되어 무엇을 했나요? ‥‥‥‥‥‥‥ (　　　)
　① 잠을 잤다. 　② 먹었다. 　③ 날았다. 　④ 춤췄다.

6. 애벌레는 얼마나 잠을 잤나요? ‥‥‥‥‥‥‥ (　　　)
　① 1주일 　　　② 2주일 　　　③ 3일 　　　④ 한 달

다음 글을 읽고 알맞은 답을 고르거나 쓰세요.

마침내 애벌레는 아름다운 나비가 되었습니다.

1. 마침내 애벌레는 무엇이 되었나요?

2. 나비의 모습은 어땠나요? ──────────────── (   )

   ① 아름다워요   ② 무서워요
   ③ 징그러워요   ④ 못생겼어요

3. 어떤 순서로 나비가 되었는지 붙임자료 에서 그림을 찾아 붙이고
   이름을 쓰세요.   * 붙임자료는 169쪽에 있습니다.

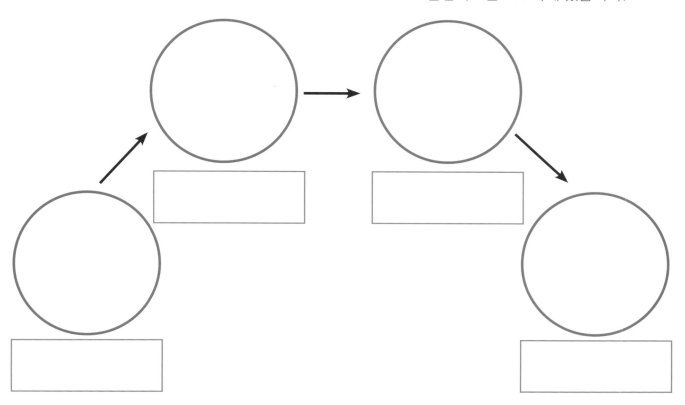

애벌레가 먹은 것을 붙임자료 에서 붙이고 써 보세요.

월	화	수
사과 1개		

목	금

토	일
케이크, 아이스크림, _____, 막대사탕, _____, _____, _____, _____	

* 붙임자료는 169쪽에 있습니다.

일이 일어난 차례대로 번호를 써 보세요.

○ 월요일에 사과 하나를 먹었습니다.	○ 작은 애벌레 한 마리가 튀어나왔습니다.	○ 번데기가 되어 두 주일 동안 잠을 잤습니다.
○  수요일에 자두 세 개를 먹었습니다.	○  화요일에 배 두 개를 먹었습니다.	○  나뭇잎 위에 작은 알이 하나 있습니다.

○ 금요일에 귤 다섯 개를 먹었습니다.	○ 목요일에 딸기 네 개를 먹었습니다.
○ 일요일에 푸른 잎을 먹었습니다. 애벌레는 크고 뚱뚱해졌습니다. 	○  마침내 애벌레는 아름다운 나비가 되었습니다.

○ 토요일에 케이크, 아이스크림, 치즈, 소시지, 막대사탕, 파이, 컵케이크, 수박을 먹었습니다.

👨‍🎓 **재미있게 읽으며 요일 공부를 해 보세요.**

(월)─(화)─(수)─(목)─(금)─(토)─(일)

👨‍🎓 **애벌레가 무슨 요일에 먹었는지 써 보세요.**

◯ 요일 사과 하나를 먹었어요.	◯ 요일 배 두 개를 먹었어요.
◯ 요일 자두 세 개를 먹었어요.	◯ 요일 딸기 네 개를 먹었어요.
◯ 요일 귤 다섯 개를 먹었어요.	◯ 요일 케이크, 아이스크림, 치즈, 소시지, 막대사탕, 파이, 컵케이크, 수박을 먹었어요.
◯ 요일 푸른 잎을 먹었어요.	

👨‍🎓 **나는 일주일 동안 무엇을 하는지 요일별로 써 보세요.**

월요일	_____요일	수요일	일요일
_____요일	_____요일	토요일	

애벌레가 먹은 음식을 과일, 빵, 채소로 나누어 보았습니다.
아래에 있는 음식을 분류기준에 따라 적어 보세요.

배   딸기   수박   아이스크림   호박

파이   컵케이크   배추   도넛

옥수수   식빵   포도   멜론   가지

감   고구마   양파   바게트

과일	빵	채소
사과 자두	케이크	오이

어울리는 그림을 연결하고 문장을 채워 쓰세요.

애벌레가 자라면

올챙이가 자라면

씨를 뿌리면

이를 닦지 않으면

골고루 먹지 않으면

병아리가 자라면

충치가 _____

채소가 _____

_____ 됩니다.

_____

_____

_____

'ㅐ', 'ㅔ'를 구분해 써 보세요.

애 벌 레

(사과)	ㅂ	(막대사탕)	막 ㄷ 사탕
(사과 3개) 3개	ㅅ 개	(애벌레)	뚱뚱ㅎ 졌어요.
(소시지)	ㅎ ㅁ	(애벌레)	ㅂ 가 고팠어요.
(케이크)	ㅋ 이크	(번데기)	번 ㄷ 기
(딸기 4개) 4개	네 ㄱ	(나비)	마침ㄴ 나비가 되었습니다.

배고픈 애벌레 책을 만들어 보세요.

① 애벌레 모양으로 그린 후 오린다.

② 애벌레 얼굴에 눈알과 더듬이를 붙여 꾸민다.

③ 학습지 빈칸에 알맞은 글자를 써넣는다.

④ 그림과 문장카드를 오린다.

⑤ 그림과 문장카드를 순서대로 붙인다 .

* 만들기자료는 155쪽, 157쪽, 159쪽에 있습니다.

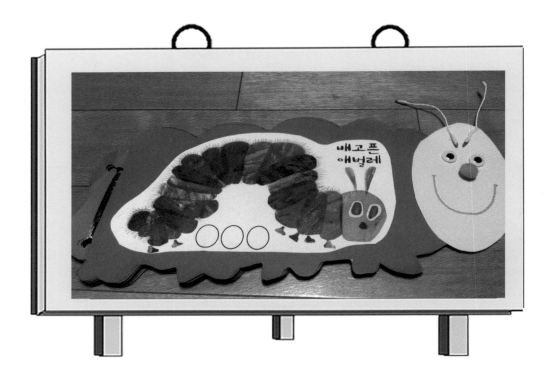

선생님께 한마디   스스로 문장을 쓸 수 있는 친구는 문장카드 없이 그림을 보고 쓰도록 해 주세요.

월   일   요일   확인

 부림말을 도와주는 토씨를 찾아 ○ 하세요.

 병아리가 엄마(를) 찾는다.

부림말을 도와주는 토씨에는 '을'과 '를'이 있습니다.
받침이 있는 말 뒤에는 '을'을 쓰고, 받침이 없는 말 뒤에는
'를'을 씁니다.

	현수가 실내화를 빤다.
	미영이가 책을 읽는다.
	지수가 눈사람을 만든다.
	온 가족이 송편을 빚는다.
	친구들이 제기를 찬다.

선생님께 한마디   낱말에 토씨(조사)가 합쳐져서 부림말(목적어)이 됩니다. 여기서는 목적격조사 '을, 를'이
붙은 말을 찾는 연습을 합니다.

월   일   요일   확인

'을'과 '를' 중에서 알맞은 토씨에 ○ 하세요.

	개미는	일	(을) / 를	했습니다.
	베짱이는	노래	을 / (를)	불렀어요.

|  | 민지가 | 우유 | **을** / 를 | 마십니다. |

| 축구선수가 | 공 | **을** / 를 | 찼어요. | |

| 주방장이 | 국 | **을** / 를 | 끓입니다. |

| 우체부가 | 편지 | **을** / 를 | 배달해요. |  |

월   일   요일   확인

임자말 뒤에 붙는 토씨 '이', '가'와 부림말 뒤에 붙는 토씨
'을', '를'을 각각 알맞게 골라 ○ 하세요.

	곰	이 ⃝ / 가	물고기	을 / 를 ⃝	먹어요.

배달원	이 / 가	자장면	을 / 를	배달한다.

예지	이 / 가	몸무게	을 / 를	재요.

단지	이 / 가	벌레	을 / 를	잡는다.

형	이 / 가	기타	을 / 를	친다.

임자말과 부림말에 알맞은 토씨를 골라 ○ 하세요.

엄마	이 / 가	씨	을 / 를	뿌린다.

지수	은 / 는	빨래	을 / 를	갠다.

아이들	이 / 가	버스	을 / 를	탄다.

민수	은 / 는	축구	을 / 를	한다.

할아버지	이 / 가	지팡이	을 / 를	짚는다.

커다란 순무

옛날에 할아버지가 순무 씨를 뿌렸습니다.
순무는 커다랗게 자랐습니다.

할아버지는 순무를 잡아당겼습니다.
"영차!"
순무는 뽑히지 않았습니다.
"할멈, 좀 도와줘."

할아버지와 할머니는 순무를 잡아당겼습니다.
"영차! 영차!"
순무는 뽑히지 않았습니다.
"강아지야, 우리 좀 도와줘!"

할아버지와 할머니와 강아지는
순무를 잡아당겼습니다.
"영차! 영차! 영차!"
순무는 뽑히지 않았습니다.
"고양이야, 우리 좀 도와줘."

할아버지와 할머니와 강아지와 고양이는
순무를 잡아당겼습니다.
"영차! 영차! 영차! 영차!"
그래도 순무는 뽑히지 않았습니다.
"생쥐야, 우리 좀 도와줘."

할아버지와 할머니와 강아지와 고양이와 생쥐는
순무를 잡아당겼습니다.
"영차! 영차! 영차! 영차! 영차!"

드디어 커다랗고 달콤한 순무가 쑥 뽑혔습니다.

"커다란 순무로 무엇을 해 먹을까?"

월   일   요일   확인

 글마중을 아래와 같은 방법으로 읽고, 읽은 수만큼 그림에
○ 하세요.

① 선생님을 따라 읽어 볼까요?

② 친구와 번갈아 읽어 볼까요?

③ 말하는 것처럼 읽어 볼까요?

 [만들기자료]의 그림을 오려 목걸이를 만들고, 커다란 순무
역할극을 재미있게 해 보세요.

* 만들기자료는 161쪽, 163쪽에 있습니다.

다음 글을 읽고 알맞은 답을 고르세요.

> 옛날에 할아버지가 순무 씨를 뿌렸습니다.
> 순무는 커다랗게 자랐습니다.

1. 할아버지가 무엇을 뿌렸나요? ·· (   )

   ① 순무 씨   ② 콩   ③ 소금   ④ 수박씨

2. 순무는 어떻게 되었나요? ·· (   )

   ① 시들었다.   ② 조그맣게 자랐다.
   ③ 커다랗게 자랐다.   ④ 배추가 되었다.

> 할아버지는 순무를 잡아당겼습니다.
> "영차!"
> 순무는 뽑히지 않았습니다.
> "할멈, 좀 도와줘."

3. 누가 순무를 잡아당겼나요? ·· (   )

   ① 할아버지   ② 할머니   ③ 강아지   ④ 고양이

4. 할아버지가 순무를 잡아당기자 순무는 어떻게 되었나요?
   ·· (   )

   ① 뽑혔다.   ② 뽑히지 않았다.   ③ 커다랗게 자랐다.

5. 할아버지는 누구를 불렀나요? ·· (   )

   ① 할아버지   ② 할머니   ③ 강아지   ④ 고양이

다음 글을 읽고 알맞은 답을 고르세요.

할아버지와 할머니는 순무를 잡아당겼습니다.

"영차! 영차!"

순무는 뽑히지 않았습니다.

"강아지야, 우리 좀 도와줘!"

1. 누가 순무를 잡아당겼나요? 모두 고르세요. (   ),(   )

  ① 할아버지   ② 강아지   ③ 할머니   ④ 고양이

2. 할아버지와 할머니가 함께 순무를 뽑을 때 힘을 내기 위해
   어떤 말을 했나요? ⋯⋯⋯⋯⋯⋯⋯⋯⋯⋯⋯⋯⋯⋯⋯⋯ (   )

  ① "야호!"   ② "영차! 영차!"
  ③ "드르렁드르렁"   ④ "어이쿠!"

할아버지와 할머니와 강아지는 순무를 잡아당겼습니다.

"영차! 영차!"

순무는 뽑히지 않았습니다.

"고양이야, 우리 좀 도와줘!"

3. 할아버지와 할머니와 강아지는 누구를 불렀나요?

  ┌─────────────────────────────┐
  │   │
  │   │
  │   │
  └─────────────────────────────┘

다음 글을 읽고 알맞은 답을 고르거나 쓰세요.

할아버지와 할머니와 강아지와 고양이는 순무를 잡아
당겼습니다.
"영차! 영차! 영차! 영차!"
그래도 순무는 뽑히지 않았습니다.
"생쥐야, 우리 좀 도와줘."

1. 누가 순무를 잡아당겼나요? 모두 찾아 ○ 하세요.

할머니	할아버지	생쥐	강아지	고양이

2. 순무는 어떻게 되었나요?

순무는 뽑히지 [   ].

3. 순무가 뽑히지 않자 생쥐에게 어떻게 부탁했나요?

"생쥐야, 우리 좀 [   ]."

다음 글을 읽고 알맞은 답을 고르거나 쓰세요.

할아버지와 할머니와 강아지와 고양이와 생쥐는
순무를 잡아당겼습니다.
"영차! 영차! 영차! 영차! 영차!"

1. 누가 순무를 잡아당겼는지 쓰세요.

2. 할아버지와 할머니와 강아지와 고양이와 생쥐는 무엇을 하고 있나요?

드디어 커다랗고 달콤한 순무가 쑥 뽑혔습니다.

3. 순무는 어떻게 되었나요?

드디어 순무가 쑥 [   ].

4. 뽑은 순무는 어떻다고 했나요? 모두 고르세요. (   ), (   )
① 맵다   ② 달콤하다   ③ 크다   ④ 작다

이야기
돋보기

월   일   요일   확인

 글마중으로 돌아가 '커다란 순무'를 다시 읽어 보세요.
할아버지가 순무를 뽑지 못하자 누구를 불렀는지 순서대로
붙임자료 에서 그림을 찾아 붙이고 써 보세요.

* 붙임자료는 171쪽에 있습니다.

① 할아버지 → ②   → ③

→ ④   → ⑤

이야기
돋보기

 글마중으로 돌아가 '커다란 순무'를 다시 읽고 알맞은 말을 〈보기〉에서 찾아 넣어 문장을 완성해 보세요.

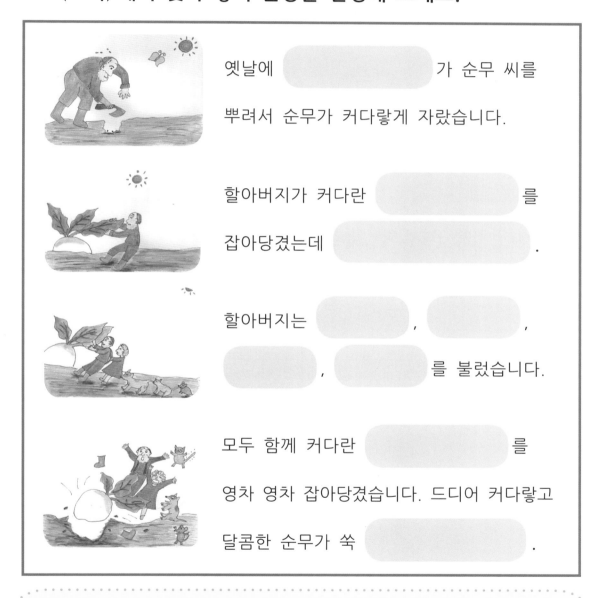

옛날에 _____가 순무 씨를

뿌려서 순무가 커다랗게 자랐습니다.

할아버지가 커다란 _____를

잡아당겼는데 _____.

할아버지는 _____, _____,

_____, _____를 불렀습니다.

모두 함께 커다란 _____를

영차 영차 잡아당겼습니다. 드디어 커다랗고

달콤한 순무가 쑥 _____.

〈보기〉 뽑혔습니다   할아버지   순무   할머니   생쥐
         강아지   고양이   뽑히지 않았습니다

끝말잇기를 해 보세요.

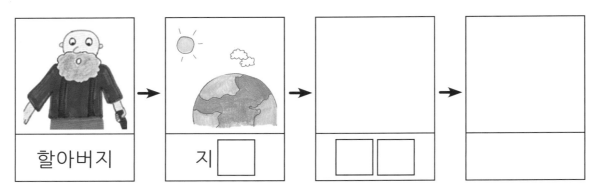

할아버지 → 지 ☐ → ☐ ☐ → ☐

끝말잇기를 해서 두 개의 낱말로 문장을 만들어 보세요.

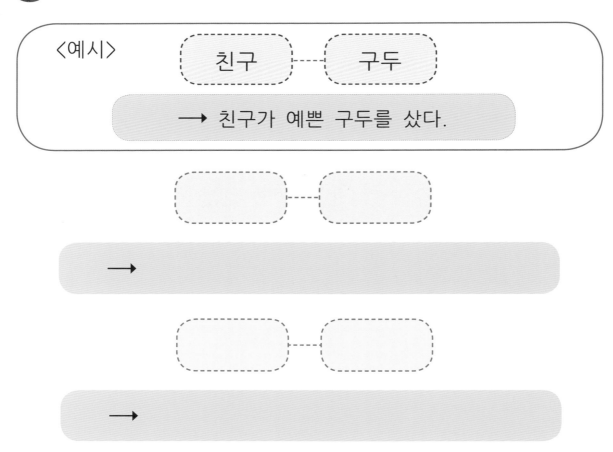

<예시>

친구 --- 구두

→ 친구가 예쁜 구두를 샀다.

☐ --- ☐

→

☐ --- ☐

→

월   일   요일   확인

 순무가 너무 크게 자라서 혼자 뽑을 수가 없어요. 내가 할아버지
라면 어떻게 순무를 뽑을지 생각해서 써 보세요.

할아버지와 친구들은 순무를 뽑아서 어떻게 했을까요?
뒷이야기를 꾸며 써 보세요.

_____

_____

_____

_____

월   일   요일   확인

 무를 뽑아서 무엇을 만들어 먹을까요? 무로 만든 요리를
잡지에서 오리거나 그린 뒤 어떤 맛인지 써 보세요.

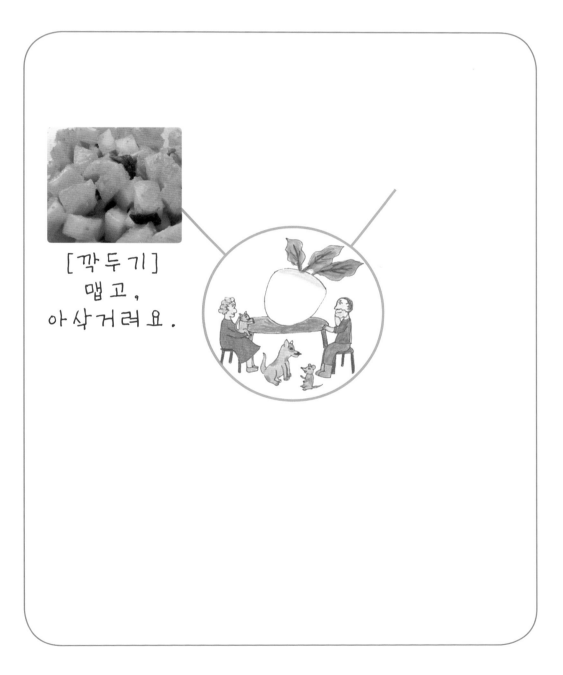

[깍두기]
맵고,
아삭거려요.

문장을 읽고 틀린 토씨를 찾아 바르게 고쳐 보세요.

아저씨가 열매(을) 땁니다.
→ 를

	농구선수가 공(를) 던집니다. → ▢
	선생님이 영어(을) 가르칩니다. → ▢
	시원한 수박(를) 먹습니다. → ▢
	꼬마가 자전거(을) 탑니다. → ▢
	가위로 종이(을) 오립니다. → ▢

월   일   요일   확인

문장에 알맞은 토씨 '을'과 '를'을 써 보세요.

 애벌레는 사과 <u>를</u> 먹었어요.

 애벌레는 사탕 <u>을</u> 먹었어요.

 애벌레는 배 먹었어요.

 애벌레는 귤 먹었습니다.

 애벌레는 푸른 잎 먹었습니다.

 애벌레는 고치 집 지었습니다.

 애벌레는 자두 먹었어요.

 애벌레는 딸기 먹었어요.

이야기 돋보기

부림말에 알맞은 토씨 '을'과 '를'을 써 보세요.

할아버지가 순무 [   ] 뽑았다.

햄스터가 씨앗 [   ] 먹는다.

할머니가 아기 [   ] 업었다.

민수가 썰매 [   ] 탄다.

언니가 부채춤 [   ] 추었다.

아저씨가 짐 [   ] 들었다.

장갑

할아버지가 강아지와 함께
숲 속을 걷고 있었어요.
숲에 장갑 한 짝을
떨어뜨렸습니다.

먹보 생쥐가 달려와
장갑 속으로
쏙 들어갔습니다.
"따뜻하겠다.
　여기서 살아야지."

개구리가 팔짝팔짝
뛰어 왔습니다. 똑똑똑.
"난 초록 개구리야.
　나도 장갑에 들어갈게."
자, 이제 둘이 되었어요.

선생님께 한마디　바르게 띄어 읽기를 배울 수 있도록 띄어 읽어야 부분을 중심으로 문장을 아래 줄에 배치
하였습니다. 다양한 읽기 방법을 활용하여 띄어 읽기를 연습할 수 있게 해주세요.

토끼가 깡충깡충
달려왔습니다.
"난 빨간눈 토끼야.
　나도 장갑에 들어갈게."
이제 셋이 되었어요.

여우가 찾아왔습니다.
"멋쟁이 여우예요.
　장갑에 들어가도 되나요?"
이제 넷이 되었어요.

이번엔 늑대가 왔습니다.
"잿빛 늑대예요.
　나도 장갑에 들어갈게."
이제 다섯이 되었어요.

멧돼지가 찾아왔습니다. 똑똑똑.
"송곳니 멧돼지다.
　나도 장갑에 들어갈게."
이제 여섯이 되었어요.
장갑은 꽉 찼습니다.

그때 곰이 나타났습니다.
"워, 느림보 곰이다.
　나도 장갑에 들어갈래."
이제 일곱이 되었어요.
장갑은 곧 터질 것만 같았습니다.

그때 할아버지가
장갑을 찾으려고
돌아왔어요.
장갑은 꿈틀꿈틀
움직이고 있었습니다.

강아지가 '멍멍' 짖어 댔습니다.
동물들은 깜짝 놀랐습니다.
동물들은 장갑에서 빠져나와
숲 속으로 도망쳤습니다.

월   일   요일   확인

글마중을 아래와 같은 방법으로 읽고, 읽은 수만큼 그림에 ○ 하세요.

① 선생님을 따라 띄어 읽어 보세요.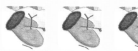

② 선생님과 합창하듯이 읽어 보세요.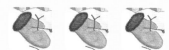

③ 친구와 역할을 나누어 읽어 보세요.

장갑 속에 살고 있는 동물과 찾아온 동물을 그리고 대화를 나누어 보세요.

난 _____ 야.
너 누구니?
그래, 들어와.

장갑 속에 누가
살고 있니?
난 _____ 야.
들어가도 되니?

선생님께 한마디   부직포로 커다란 장갑을 만들어 작은 인형으로 인형놀이를 시켜보세요. 그림책에 나오는 대화를 주고받으며 인형놀이를 하면서 자연스럽게 언어능력이 향상될 것입니다.

다음 글을 읽고 알맞은 답을 고르거나 쓰세요.

> 할아버지가 강아지와 함께 숲 속을 걷고 있었어요.
> 할아버지는 장갑 한 짝을 떨어뜨렸습니다.

1. 할아버지가 어디를 걷고 있나요? ⸺⸺⸺⸺⸺⸺ (   )

   ① 강아지   ② 할아버지   ③ 숲 속   ④ 공원

2. 누가 숲 속을 걷고 있나요? ⸺⸺⸺⸺ (   ),(   )

   ① 할아버지   ② 개구리   ③ 생쥐   ④ 강아지

3. 할아버지는 무엇을 떨어뜨렸나요? ⸺⸺⸺⸺ (   )

   ① 장갑   ② 가방   ③ 시계   ④ 강아지

> 먹보 생쥐가 달려와 장갑 속으로 쏙 들어갔습니다.
> "따뜻하겠다. 여기서 살아야지."

4. 누가 장갑 속에 들어갔나요? ⸺⸺⸺⸺⸺⸺ (   )

   ① 먹보 생쥐 ② 빨간눈 토끼 ③ 초록 개구리 ④ 강아지

5. 생쥐는 어디로 들어갔나요? ☐

6. 생쥐는 장갑에서 무엇을 하려고 하나요? ⸺⸺⸺ (   )

   ① 장갑에서 살려고 한다.   ② 장갑을 끼려고 한다.

7. 생쥐는 왜 장갑에서 살려고 할까요? ⸺⸺⸺⸺ (   )

   ① 따뜻할 것 같아서   ② 편안해 보여서

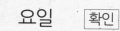

월   일   요일   확인

 다음 글을 읽고 알맞은 답을 고르거나 쓰세요.

개구리가 팔짝팔짝 뛰어왔습니다. 똑똑똑.
"난 초록 개구리야. 나도 장갑에 들어갈게."
자, 이제 둘이 되었어요.

1. 누가 팔짝팔짝 뛰어 왔나요?

2. 초록 개구리는 어디로 들어갔나요? ·········· (   )

   ① 가방   ② 집   ③ 장갑   ④ 연못

3. 개구리가 장갑에 들어오자 몇 마리가 되었나요?   마리

   토끼가 깡충깡충 달려왔습니다.
   "난 빨간눈 토끼야. 나도 장갑에 들어갈게."
   이제 셋이 되었어요.

4. 누가 달려왔나요? ·· (   )

   ① 먹보 토끼   ② 느린발 토끼   ③ 빨간눈 토끼   ④ 생쥐

5. 토끼는 어디에 들어갔나요?

6. 이제 장갑에는 누가 들어가 있나요?(   ),(   ),(   )

   ① 토끼   ② 멧돼지   ③ 사슴
   ④ 생쥐   ⑤ 개구리   ⑥ 곰

다음 글을 읽고 알맞은 답을 고르거나 쓰세요.

여우가 찾아왔습니다.
"멋쟁이 여우예요. 장갑에 들어가도 되나요?"
이제 넷이 되었어요.

1. 누가 찾아왔나요? ………………………………………… (   )

   ① 빨간눈 토끼 ② 멋쟁이 여우 ③ 뚱보 여우 ④ 먹보 생쥐

2. 여우는 어디에 들어갔나요?

3. 이제 모두 몇 마리가 되었나요?   마리

늑대가 왔습니다.
"잿빛 늑대예요. 나도 장갑에 들어갈게."
이제 다섯이 되었어요.

4. 누가 찾아왔나요? ………………………………………… (   )

   ① 빨간눈 토끼 ② 멋쟁이 여우 ③ 잿빛 늑대 ④ 먹보 생쥐

5. 장갑 속에는 누가 있나요? 모두 골라서 ○ 표시하세요.

멋쟁이 여우	잿빛 늑대	멋진뿔 사슴	먹보 생쥐
초록 개구리	송곳니 멧돼지	빨간눈 토끼	긴 뱀

다음 글을 읽고 알맞은 답을 고르거나 쓰세요.

멧돼지가 찾아왔습니다. 똑똑똑.

"송곳니 멧돼지다. 나도 장갑에 들어갈게."

이제 여섯이 되었어요. 장갑은 꽉 찼습니다.

1. 누가 찾아왔나요? ·· (   )

    ① 송곳니 멧돼지   ② 멋쟁이 여우   ③ 잿빛 늑대

2. 장갑은 어떻게 되었나요? ···························· (   )

    ① 터졌다.   ② 꽉 찼다.   ③ 텅텅 비었다.

그때 곰이 나타났습니다.

"워, 느림보 곰이다. 나도 장갑에 들어갈래."

이제 일곱이 되었어요.

장갑은 곧 터질 것만 같았습니다.

3. 누가 찾아왔나요? ·· (   )

    ① 빨간눈 토끼 ② 멋쟁이 여우 ③ 잿빛 늑대 ④ 느림보 곰

4. 장갑은 어떻게 되었나요? ···························· (   )

    ① 터졌다.   ② 터질 것 같았다.   ③ 텅텅 비었다.

5. 장갑에 들어있는 동물을 모두 써 보세요.

다음 글을 읽고 알맞은 답을 고르거나 쓰세요.

> 그때 할아버지가 장갑을 찾으려고 돌아왔어요.
> 장갑은 꿈틀꿈틀 움직이고 있었습니다.

1. 누가 장갑을 찾으려고 돌아왔나요?

2. 할아버지는 왜 돌아왔나요? ─────── (   )

   ① 나무를 하러   ② 장갑을 찾으려고
   ③ 강아지를 잃어버려서   ④ 산책하려고

3. 장갑은 어떻게 되었나요? ─────── (   )

   ① 찢어졌다.   ② 꿈틀꿈틀 움직이고 있었다.

> 강아지가 '멍멍' 짖어 댔습니다.
> 동물들은 깜짝 놀랐습니다.
> 동물들은 장갑에서 빠져나와 숲 속으로 도망쳤습니다.

4. 누가 멍멍 짖어 댔나요?

5. 강아지가 짖어 대자 동물들은 어땠을까요? ──── (   )

   ① 깜짝 놀랐습니다.   ② 재미있었습니다.

6. 강아지 소리 때문에 동물들은 어떻게 했나요? ── (   )

   ① 숲 속으로 도망쳤다.   ② 장갑 속에 숨었다.
   ③ 귀를 막았다.   ④ 깔깔깔 웃었다.

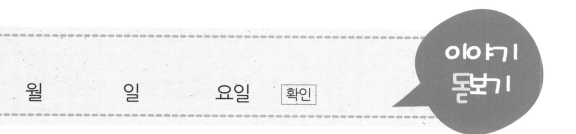
 글마중을 다시 읽고 장갑에 찾아온 동물들을 순서대로
붙임자료 를 붙이세요.   * 붙임자료는 171쪽에있습니다.

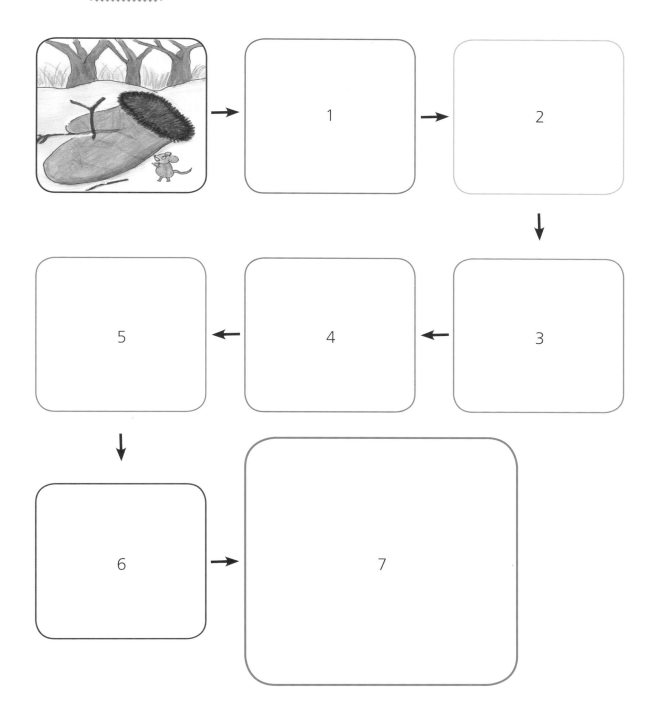

흉내 내는 말을 <보기>에서 골라 알맞게 넣으세요.

1. 개구리가 [ ] 뛰어왔습니다.

2. 토끼가 [ ] 달려왔습니다.

3. 장갑은 [ ] 움직입니다.

4. 강아지가 [ ] 짖어 댔습니다.

<보기>　　멍멍　　꿈틀꿈틀　　깡충깡충　　팔짝팔짝

알맞은 낱말을 <보기>에서 찾아 문장을 완성하세요.

1. 생쥐가 장갑 속으로 [ ] 들어갔습니다.

2. 장갑은 [ ] 찼습니다.

3. 동물들은 [ ] 놀랐습니다.

4. 장갑은 [ ] 터질 것만 같았습니다.

<보기>　　깜짝　　꽉　　곧　　쑥

그림책에 나온 동물들은 모두 별명이 있습니다. 동물의 특징을 잘 생각하며 별명을 연결해 보세요.

느림보 ●	● 생쥐
먹보 ●	● 개구리
잿빛 ●	● 토끼
빨간눈 ●	● 여우
멋쟁이 ●	● 늑대
초록 ●	● 멧돼지
송곳니 ●	● 곰

 여러분도 특징을 나타내는 말을 이름 앞에 넣어 소개해 보세요.

"난 빨간눈 토끼야. 난 눈이 빨갛거든.
넌 누구니?"

"난 [   ] [   ] 야.

난 _____ 을 잘하거든."

월   일   요일   확인

 조그만 장갑 속에 동물들이 어떻게 들어갔을지 장갑의 모양과
동물의 모습을 상상해서 그려 보세요.

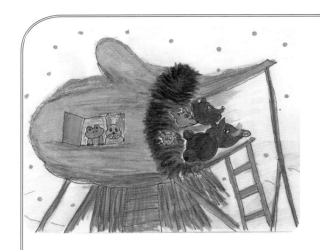

월   일   요일   확인

 중간 이야기를 덧붙여 보세요. 또 어떤 동물이 장갑에 들어가려는지 상상해 그려보고, 작은 장갑에 들어가기 위해 어떤 말을 했을지 생각해 써 보세요.

그때 _____가 다가왔습니다. 똑똑똑.

"누가 살고 있니?"

"먹보 생쥐와 초록 개구리와 _____

_____"

"그런데 누구세요?"

"난 _____야. _____"

"여긴 너무 좁아요. 들어올 자리가 없어요."

"_____

_____"

"그럼 들어오세요."

 추운 겨울에 동물들은 어떻게 겨울을 날까요? 책이나 인터넷에서
조사해서 사진을 붙이거나 써 보세요.

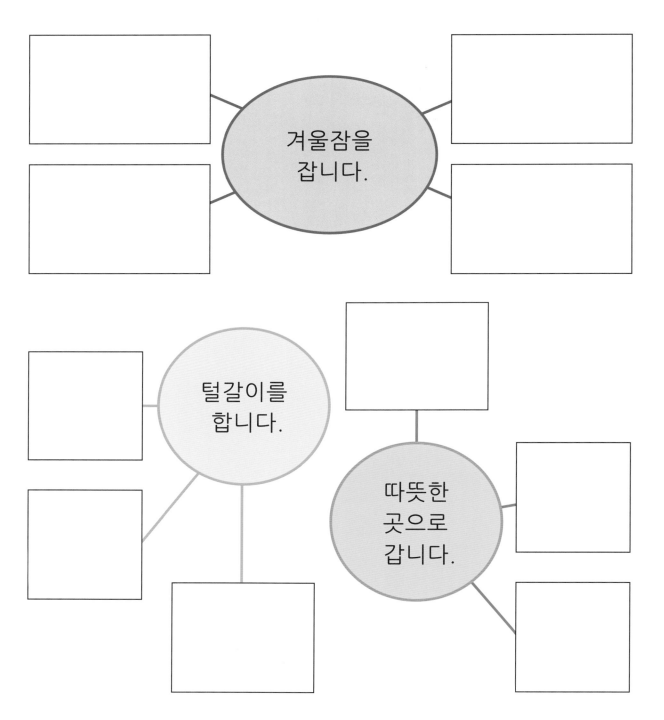

뽐내기

그림을 오려 순서대로 붙이고 '장갑책'을 만들어 보세요.

① 장갑 본을 대고 그린 후 오린다.

② 장갑을 여러 가지 재료로 예쁘게 꾸민다.

③ 만들기 자료의 빈칸에 알맞은 글자를 써넣는다.

④ 그림과 문장카드를 따로 오린다.

⑤ 그림과 문장카드를 순서대로 붙인다.

* 만들기자료는 165쪽, 167쪽에 있습니다.

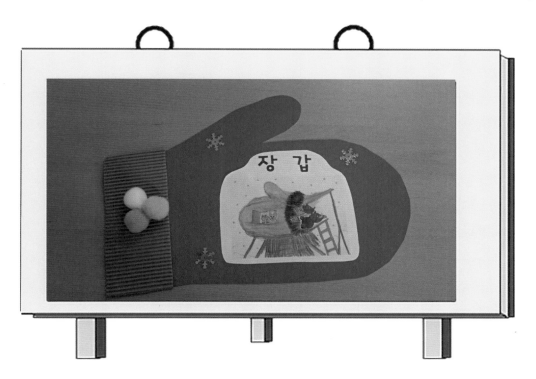

선생님께 한마디 스스로 문장을 쓸 수 있는 친구는 그림카드만 활용하여 장갑책을 만들고 그림에 맞게 내용을
쓸 수 있도록 도와주세요.

우리말 약속

월   일   요일   확인

 〈보기〉에서 알맞은 토씨를 골라 빈칸에 써 보세요.

〈보기〉   이   가   을   를

	지수 ⬜ 머리 ⬜ 빗는다.
	아빠 ⬜ 나무에 물 ⬜ 줍니다.
	단이 ⬜ 토마토 ⬜ 딴다.
	식탁 위에 수저 ⬜ 두었다.
	체육시간에 달리기 ⬜ 했다.
	동생 ⬜ 세배 ⬜ 한다.
	친구들 ⬜ 컴퓨터 게임 ⬜ 한다.

〈보기〉에서 알맞은 토씨를 골라 빈칸에 써 보세요.

〈보기〉   이   가   은   는   을   를

| 나 [ ] 공룡 [ ] 좋아한다. |
| 친구들 [ ] 우리집에 놀러 왔다. |
| 선생님이 버스 [ ] 타고 학교로 돌아왔다. |
| 수희 [ ] 숟가락으로 밥 [ ] 먹는다. |
| 고양이 [ ] 새끼 [ ] 낳았다. |
| 영호 [ ] 연필로 글씨 [ ] 쓴다. |
| 동생 [ ] 빗자루로 청소 [ ] 했다. |
| 할아버지 [ ] 기차 [ ] 타고 서울로 가셨다. |

바람과 해님

바람과 해님이 만났습니다.

"내가 이 세상에서 가장 힘이 세."

"아니야, 내가 더 힘이 세."

둘은 서로 자기가 힘이 세다고 우겼습니다.

바람은 화가 나서 말하였습니다.

"그럼 누가 힘이 더 센지

내기해보자."

"그래, 저기 걸어가는

사람의 외투를 벗겨보자."

바람과 해님은 나그네의 외투를 벗기기로 하였습니다.

"내가 바람을 세게 불면 외투가 벗겨질 거야."

바람이 쌩쌩 불었습니다.
나그네는 추워서
오들오들 떨었습니다.
나그네는 외투가 벗겨질까봐
옷을 꽉 잡았습니다.

"내가 햇살을 비추면 나그네가 외투를 벗을 거야."

해님이 햇살을 비추었습니다.
나그네의 이마에
땀이 송골송골 맺혔습니다.
나그네는 더워서
외투를 벗었습니다.

글마중을 아래와 같은 방법으로 읽고, 읽은 수만큼 그림에
○ 하세요.

① 선생님이 띄어 읽는 대로 따라 읽어 보세요.

② " "표시 속의 내용을 실감 나게 읽어 보세요.

③ 친구와 역할을 나누어 읽어 보세요.

 바람과 해님의 생각을 연결해 보세요.

"누가 힘이 센지 내기
하는 게 무슨 소용이람."

"내가 가장 힘이 세.
내가 햇살을 따뜻하게 비추면
나그네가 외투를 벗을 거야."

"내가 가장 힘이 세.
내가 바람을 세게 불면
나그네의 외투를 벗길 수 있어."

월   일   요일   확인

 다음 글을 읽고 알맞은 답을 고르거나 쓰세요.

바람과 해님이 만났습니다.
"내가 이 세상에서 가장 힘이 세."
"아니야, 내가 더 힘이 세."
둘은 서로 자기가 힘이 세다고 우겼습니다.

1. 누가 만났나요? ☐ 과 ☐

2. 바람과 해님은 왜 싸우고 있나요? ·················· (   )

   ① 지나가다가 쳤다.   ② 자기가 힘이 세다고 우겼다.
   ③ 더 많이 먹겠다고 우겼다.

3. 바람은 어떤 생각을 하고 있나요? ·················· (   )

   ① 해님이 나보다 힘이 세.
   ② 내가 해님보다 힘이 세.
   ③ 해님이 최고야.

4. 해님은 어떤 생각을 하고 있나요? ·················· (   )

   ① 바람이 나보다 힘이 세.
   ② 내가 바람보다 힘이 세.
   ③ 바람이 최고야.

바람과 해님이 서로 자기가 힘이 세다고 ☐ .

다음 글을 읽고 알맞은 답을 고르거나 쓰세요.

> 바람은 화가 나서 말하였습니다.
> "그럼 누가 힘이 더 센지 내기해보자."
> "그래, 저기 걸어가는 사람의 외투를 벗겨보자."
> 바람과 해님은 나그네의 외투를 벗기기로 하였습니다.

1. 바람은 기분이 어떤가요? ·························· (   )

    ① 기분이 좋아요.   ② 재밌어요.   ③ 화가 났어요.

2. 바람은 왜 화가 났나요? ·························· (   )

    ① 해님이 자기가 더 힘세다고 해서   ② 해가 뜨거워서

3. 바람은 해님에게 무엇을 하자고 했나요? ············· (   )

    ① 이제 그만 싸우자.
    ② 누가 더 힘이 센지 내기해보자.
    ③ 집에 돌아가자.

4. 바람과 해님은 어떤 내기를 하기로 했나요? ······· (   )

    ① 나그네의 신발을 벗기기로 했다.
    ② 달리기를 하기로 했다.
    ③ 나그네의 외투를 벗기기로 했다.

바람과 해님은 나그네의 외투를 벗기기로 [   ]를 했습니다.

월   일   요일   확인

 다음 글을 읽고 알맞은 답을 고르거나 쓰세요.

"내가 바람을 세게 불면 외투가 벗겨질 거야."
바람이 씽씽 불었습니다. 나그네는 추워서 오들오들
떨었습니다. 나그네는 외투가 벗겨질까봐 옷을 꼭
잡았습니다.

1. 바람은 나그네의 외투를 벗기려면 어떻게 하면 된다고 생각
   했나요? .... (   )
   ① 바람을 세게 불자.   ② 바람을 부드럽게 불자.
   ③ 비를 내리자.   ④ 가만히 있자.

2. 왜 바람이 씽씽 불었을까요? .... (   )
   ① 기분이 나빠서   ② 추워서   ③ 나그네의 옷을 벗기려고

3. 바람이 불자 나그네는 어떻게 했습니까? (   ),(   )
   ① 옷을 벗었다.   ② 옷을 꼭 잡았다.
   ③ 옷이 벗겨졌다.   ④ 오들오들 떨었다.

4. 나그네는 왜 옷을 잡았나요? .... (   )
   ① 벗겨지지 않게 하려고   ② 단추가 떨어질까봐
   ③ 옷이 좋아서   ④ 화가 나서

   바람이 불자 나그네는 외투가 벗겨질까봐 꼭 [   ].

다음 글을 읽고 알맞은 답을 고르거나 쓰세요.

> "내가 햇살을 비추면 나그네가 외투를 벗을 거야."
> 해님이 햇살을 비추었습니다. 나그네의 이마에 땀이
> 송골송골 맺혔습니다. 나그네는 더워서 외투를 벗었습니다.

1. 해님은 나그네의 외투를 어떻게 벗기려고 생각하나요?(   )

   ① 햇살을 비추자.   ② 햇살을 감추자.
   ③ 구름 속에 숨자.   ④ 나그네를 쫓아다니자.

2. 해님이 햇살을 비추자 나그네는 어떻게 되었나요?(   )

   ① 머리가 아팠다.   ② 이마에 땀이 났다.
   ③ 눈이 부셨다.   ④ 화를 냈다.

3. 나그네의 이마에 왜 땀이 맺혔을까요? ⋯⋯⋯⋯ (   )

   ① 햇살을 비추어서   ② 아파서   ③ 놀라서

4. 결국 나그네는 더워서 어떻게 했나요? ⋯⋯⋯⋯ (   )

   ① 외투를 꼭 잡았다.   ② 외투를 벗었다.
   ③ 외투를 더 입었다.   ④ 외투를 사러 갔다.

5. 나그네는 왜 외투를 벗었을까요? ⋯⋯⋯⋯⋯⋯ (   )

   ① 더워서   ② 바람이 불어서   ③ 빨래하려고

   ┌───┐
   │ 햇살을 비추자 나그네는 더워서 외투를 [   ]. │
   └───┘

월   일   요일   확인

 글마중을 다시 읽고 이야기를 다시 써 보세요.

	_____과 _____이 서로 자기가 힘이 세다고 우겼다.
	나그네의 _____를 벗기기로 _____를 했다.
	바람을 세게 불었지만 나그네는 _____.
	햇살을 따뜻하게 비추자 나그네는 _____.

아래 밑줄 친 풀이말의 뜻을 생각해보고 빈칸을 채우세요.

> • 내가 더 힘이 세다고 <u>우겼습니다</u>.
> • 바람이 세게 <u>불었습니다</u>.
> • 해님이 햇살을 <u>비추었습니다</u>.
> • 외투를 벗기기로 <u>내기하자</u>.

1. 노래가 끝나자 진이는 생일 촛불을 ☐☐☐☐☐☐.

2. 동생은 빵을 하나 더 먹겠다고 ☐☐☐☐☐☐.

3. "우리 멀리뛰기 ☐☐☐☐☐☐."

4. 전기가 나가자 아버지가 손전등을 ☐☐☐☐☐☐.

5. 언니는 학원에 가지 않겠다고 ☐☐☐☐☐☐.

6. "누가 더 먼저 도착하나 ☐☐☐☐☐☐."

7. 진수는 휘파람을 ☐☐☐☐☐☐.

일기예보를 보고 풀어 보세요.

월/ 10.28	화/ 10.29	수/ 10.30	목/ 10.31	금/ 11.1	토/ 11.2
맑음	구름 많음	흐려져 비	구름 많음	구름 조금	구름 많음

1. 날씨는 그림으로 어떻게 표현되는지 연결해 보세요.

비가 옵니다.   •

맑습니다.   •

구름이 많고
흐립니다.   •

2. 우산을 준비해야 하는 날은 무슨 요일입니까? ☐ 요일

3. 일주일 중 가장 맑은 날은 몇 월 며칠입니까? ☐ 월 ☐ 일

4. 이번 주 날짜를 쓰고 날씨를 그림이나 글로 기록해 보세요.

요일/날짜	월/ .	화/ .	수/ .	목/ .	금/ .
날씨					

'개'와 '게'를 구분하여 써 보세요.

나그네	해님	내기해	햇살
세상	힘이 세	세게 불다	

 문장 중 빈칸을 '개'와 '게'를 구분하여 낱말을 써 보세요.

바람과 [　] 님이 만났습니다.

"내가 이 세상에서 가장 힘이 [　]."

"그럼 누가 더 힘이 센지 [　] 기해보자."

바람과 해님은 나그 [　] 의 외투를 벗기기로 하였습니다.

바람이 [　] 불었습니다.

해님이 [　] 살을 비추었습니다.

'바람과 해님' 이야기로 얼굴책을 만들어 보세요. 바람과 해님이 말한 대사를 쓰고 실감 나게 말해 보세요.

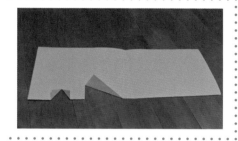

① 8절지를 4등분으로 접은 후 위에서 ⅔지점에 3cm를 자르고, 그 아래 3cm 지점에 2cm를 자른 후 사진과 같이 접는다.

② 뒤집어 가로로 접어 세우면 코와 입이 나온다. 두 개를 따로 접어서 해님과 바람을 그린 후 대사와 소리 등을 적는다.

③ 앞표지와 뒤표지를 꾸민 후 세우면 아래와 같이 얼굴책이 만들어진다. 두 개의 책을 붙여도 좋다.

 바람과 해님의 대사를 말하며 재미있게 놀아 보세요.

그림을 보고 문장에 들어갈 알맞은 부림말을 연결해 보세요.

준호가 [   ] 닦아요.

동생을

민지가 [   ] 받았어요.

선물을

형이 [   ] 해요.

이를

지수가 [   ] 돌봐요.

공부를

월   일   요일   확인

 알맞은 부림말을 넣어 문장을 완성해 보세요.

 해님이 │ 햇살을 │ 비추었습니다.

 나그네는 │ 외투를 │ 잡았습니다.

동생이 [ ]	돌립니다.
미래가 [ ]	탑니다.
아빠가 [ ]	넙니다.
할머니께서 [ ]	두십니다.
엄마가 [ ]	잡습니다.

<보기>   그네를   모기를   바람개비를   빨래를   바둑을

그림에 알맞은 부림말을 넣어 문장을 완성해 보세요.

 할아버지가   장갑을   떨어뜨렸습니다.

할아버지는 _____ 잡아당겼어요.

순무로 _____ 해 먹었습니다.

병아리가 _____ 찾습니다.

베짱이는 _____ 찾아갔습니다.

친구들이 _____ 날려요.

개미가 _____ 옮겨요.

개미와 베짱이

햇볕이 쨍쨍 내리쬐는
더운 여름날입니다.

개미는 땀을 뻘뻘 흘리며
일을 하였습니다.
"열심히 일해서
  겨울에 먹을거리를 모아야지."

하지만 베짱이는 노래를 부르며
신 나게 놀았습니다.
"베짱이야, 겨울을 준비해야지."
"응. 놀고 나서 나중에 할게."

바람이 쌩쌩 부는

추운 겨울이 되었습니다.

개미는 여름에 모아 놓은 음식을 먹으며

따뜻한 집에서 지내고 있었습니다.

베짱이는 먹을거리가 없어

숲 속을 헤매고 있었습니다.

"아이, 추워.

　여름에 먹을 것을 모아 놓을걸."

베짱이는 후회를 하였습니다.

베짱이는 배가 고파서
개미네 집을 찾아갔습니다.
"개미야, 먹을 것 좀
　나눠 줄 수 있겠니?"

"어서 와. 우리 함께
　사이좋게 나눠 먹자."
베짱이는 고마워서
개미에게 노래를 불러주었습니다.

신나는 글읽기

 글마중을 아래와 같은 방법으로 읽고, 읽은 수만큼 그림에 ○ 하세요.

① 선생님이 끊어 읽는 대로 따라 읽어 보세요.

② " "표시 속의 내용을 실감 나게 읽어 보세요.

③ 친구와 역할을 나누어 읽어 보세요.

개미와 베짱이는 어떤 생각을 하고 있을까요?

 •   • '신 나게 노니까 좋다.'

 •   • '열심히 일을 해서 겨울에 먹을 것을 모아야지.'

 •   • '너무 춥고 배고파.'

 •   • '놀기만 한 게 부끄러워.'

다음 글을 읽고 알맞은 답을 고르거나 쓰세요.

햇볕이 쨍쨍 내리쬐는 더운 여름날입니다.
개미는 땀을 뻘뻘 흘리며 일을 하였습니다.
"열심히 일해서 겨울에 먹을거리를 모아야지."

1. 지금은 어떤 계절인가요?

2. 개미는 무엇을 하나요? ⋯⋯⋯⋯⋯⋯⋯⋯⋯ (   )

    ① 열심히 노래를 부릅니다.   ② 땀 흘리며 일을 합니다.
    ③ 집을 짓고 있습니다.   ④ 맛난 것을 먹습니다.

3. 개미는 왜 열심히 일을 하고 있나요? ⋯⋯⋯⋯ (   )

    ① 겨울에 먹을거리를 모으기 위해서
    ② 노래 대회에 나가려고   ③ 땀을 흘리려고

하지만 베짱이는 노래를 부르며 신 나게 놀았습니다.
"베짱이야, 겨울을 준비해야지."
"응. 놀고 나서 나중에 할게."

4. 베짱이는 무엇을 하나요? ⋯⋯⋯⋯⋯⋯⋯⋯⋯ (   )

    ① 울고 있습니다.   ② 노래를 부르며 신 나게 놉니다.
    ③ 열심히 일을 합니다.   ④ 먹이를 먹습니다.

다음 글을 읽고 알맞은 답을 고르거나 쓰세요.

바람이 쌩쌩 부는 추운 겨울이 되었습니다.
베짱이는 먹을거리가 없어 숲 속을 헤매고 있었습니다.
"아이, 추워. 여름에 먹을 것을 모아 놓을걸."
베짱이는 후회를 하였습니다.

1. 지금은 어떤 계절인가요?

2. 베짱이는 무엇을 하고 있었나요? ⋯⋯ (   ),(   )

① 노래를 부르고 있습니다.   ② 숲 속을 헤매고 있었습니다.
③ 집에서 쉬고 있습니다.   ④ 추워서 떨고 있습니다.

3. 베짱이는 왜 숲 속을 헤매고 있을까요? ⋯⋯⋯ (   )

① 길을 잃어버려서   ② 먹을거리를 찾아다니느라
③ 장갑을 찾으려고   ④ 겨울이 좋아서

4. 숲 속을 헤맬 때 베짱이는 무슨 생각을 했을까요?

⋯⋯⋯⋯⋯⋯⋯⋯ (   ),(   )

① '아이, 추워.'   ② '아이, 배고파.'
③ '노래 부를까?'   ④ '개미는 어디 갔지?'

5 베짱이는 어떤 후회를 했나요? ⋯⋯⋯⋯⋯ (   )

① 노래 연습을 더 할 걸.   ② 따뜻한 옷을 입을 걸.
③ 여름에 먹을 것을 모아 놓을 걸. ④ 밥을 먹을 걸.

월   일   요일   확인

 다음 글을 읽고 알맞은 답을 고르거나 쓰세요.

베짱이는 배가 고파서 개미네 집을 찾아갔습니다.
"개미야, 먹을 것 좀 나눠 줄 수 있겠니?"
"어서 와. 우리 함께 사이좋게 나눠 먹자."
베짱이는 고마워서 개미에게 노래를 불러주었습니다.

1. 베짱이는 누구에게 찾아갔나요?

2. 베짱이는 왜 개미네 집에 찾아갔나요? ⋯⋯⋯⋯⋯⋯ (   )

  ① 노래를 부르려고   ② 배가 고파서
  ③ 기타를 빌리려고   ④ 집수리를 해주려고

3. 개미네 가족은 어디에 있었나요? ⋯⋯⋯⋯⋯⋯⋯ (   )

  ① 추운 집   ② 나뭇가지   ③ 따뜻한 집

4. 베짱이는 개미에게 무엇을 나눠 달라고 했나요? ⋯ (   )

  ① 집   ② 기타   ③ 먹을 것   ④ 마음

5. 베짱이가 먹을 것을 달라고 하자 개미는 베짱이에게 어떻게
  했나요? ⋯⋯⋯⋯⋯⋯⋯⋯⋯⋯⋯⋯⋯⋯⋯ (   )

  ① 먹을 것을 나눠 주지 않았다.   ② 베짱이를 야단쳤다.
  ③ 먹을 것을 나눠 먹었다.   ④ 베짱이를 쫓아내었다.

6. 베짱이는 개미에게 무엇을 해주었나요? ⋯⋯⋯⋯ (   )

  ① 돈을 주었다.   ② 노래를 불러주었다.   ③ 안아주었다.

이야기에 나오는 두 동물의 특징을 비교해서 〈보기〉에서 골라 써 보세요.

개미	베짱이
일을 _____.	일을 하기 싫어한다.
미리 준비를 잘한다.	할 일을 _____.
부지런하다.	_____.
친구가 어려울 때 _____.	어려울 때 친구에게 _____.

〈보기〉   열심히 한다   게으르다   미룬다
도와달라고 한다   하기 싫어한다   돕는다

 글마중을 다시 읽고 이야기를 다시 써 보세요.

	더운 여름날 _____는 열심히 _____.
	_____는 일을 하지 않고 신 나게 _____.
	겨울이 되자 베짱이는 먹을 것이 없어 _____.
	베짱이는 개미에게 찾아갔다. 개미는 _____.

낱말 창고

월   일   요일   확인

 반대말을 배워 봅시다.

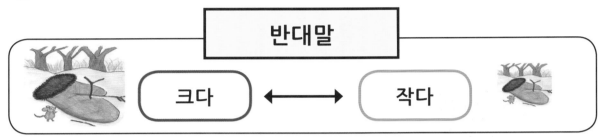

반대말

크다 ←→ 작다

 반대말을 <보기>에서 찾아 쓰고 빈칸을 채워 쓰세요.

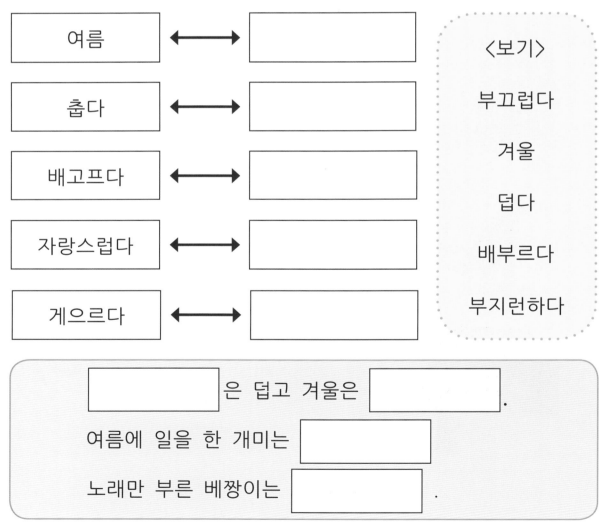

여름	←→	
춥다	←→	
배고프다	←→	
자랑스럽다	←→	
게으르다	←→	

<보기>

부끄럽다

겨울

덥다

배부르다

부지런하다

[   ]은 덥고 겨울은 [   ].

여름에 일을 한 개미는 [   ]

노래만 부른 베짱이는 [   ].

월   일   요일   확인

 날씨와 관련된 알맞은 흉내말을 〈보기〉에서 찾아 넣으세요.

	햇볕이 ⬜ 내리쬐어 덥습니다.	
	한여름에는 땀을 ⬜ 흘립니다.	
	바람이 ⬜ 불어 춥습니다.	
	장맛비가 ⬜ 내립니다.	
	함박눈이 ⬜ 쏟아집니다.	
	번개가 ⬜ 칩니다.	
	봄바람이 ⬜ 붑니다.	

〈보기〉

살랑살랑   주룩주룩   번쩍번쩍

쨍쨍   뼐뼐   펑펑   쌩쌩

월   일   요일   [확인]

 말풍선에 대사를 써넣어 네 컷 만화를 완성해 보세요.

① 햇볕이 쨍쨍 내리쬐는 더운 여름날입니다.

② 바람이 쌩쌩 부는
추운 겨울이 되었습니다.

③ 베짱이는 배가 고파서 개미네
   집을 찾아갔습니다.

④ 개미는 베짱이를
   반갑게 맞아주었습니다.

'개미와 베짱이' 이야기로 무대책을 만들어 보세요. 순서에 따라 책을 만들고 종이인형극을 꾸며 보세요.

① 4절지를 4등분으로 접는다. 사진에 표시된 실선을 자른 후 사진과 같은 모양으로 오린다.

② 뒤집어서 접은 선대로 입체로 세워 놓으면 무대장치가 된다.

③ 무대책에 무대 배경을 그린다.

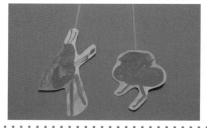

④ 다른 종이에 개미와 베짱이를 그려 빨대를 붙여 막대 인형을 만든다.

⑤ 막대 인형을 들고 대사를 하면서 인형극을 꾸며 본다.

* 만들기자료는 163쪽에 있습니다.

우리말
약속

 문장을 순서에 맞게 써 보세요.

| 헤매었습니다. | 숲속을 | 베짱이는 |

베짱이는   숲속을   헤매었습니다.
임자말   부림말   풀이말

문장을 쓸 때는 임자말＋부림말＋풀이말의 순서로 씁니다.

| 쓰레기를 | 동수가 | 줍습니다. |

_____ _____ _____

| 아이들이 | 섭니다. | 줄을 |

_____ _____ _____

| 벌립니다. | 입을 | 지호가 |

_____ _____ _____

| 여행을 | 갑니다. | 우리 가족은 |

_____ _____ _____

 문장을 순서에 맞게 써 보세요.

나그네가   외투를   벗었습니다.
임자말   부림말   풀이말

월   일   요일   확인

 그림을 보고 '누가 무엇을 하는지' 문장 순서에 맞게 한 문장으로 써 보세요.

	할아버지는 순무를 잡아당겼어요.

좋아하는
노랫말을
써 보세요

좋아하는
동시를
써 보세요

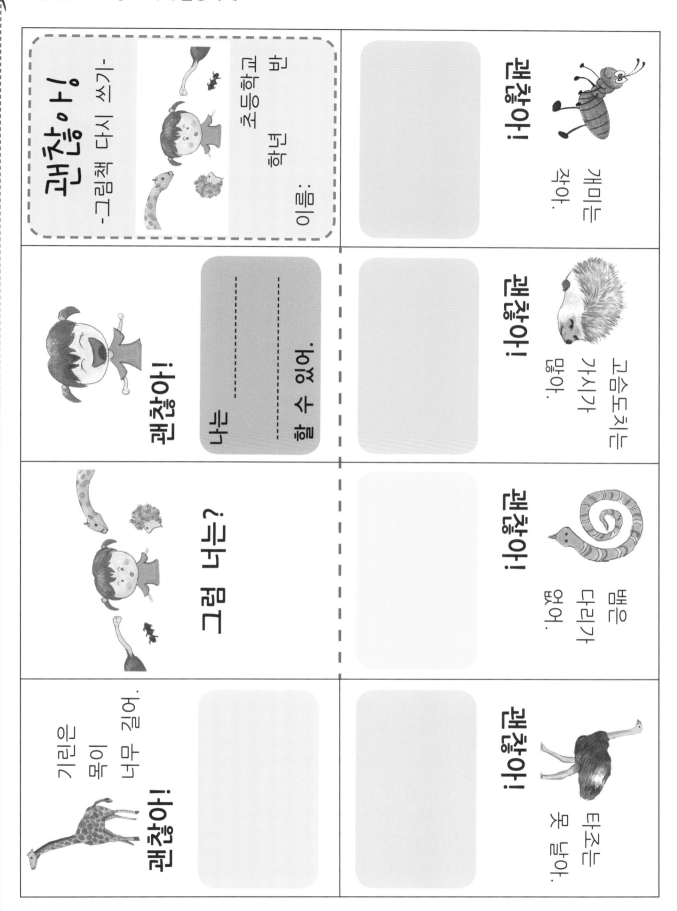

괜찮아!

개미는
작아.

고슴도치는
가시가
많아.

괜찮아!

괜찮아!

뱀은
다리가
없어.

괜찮아!

타조는
못 날아.

괜찮아!
-그림책 다시 쓰기-

초등학교
    학년   반
이름:

할 수 있어.
너는

괜찮아!

그럼 너는?

괜찮아!

기린은
목이
너무 길어.

괜찮아!

★ [만들기자료] 76쪽에 활용하세요.

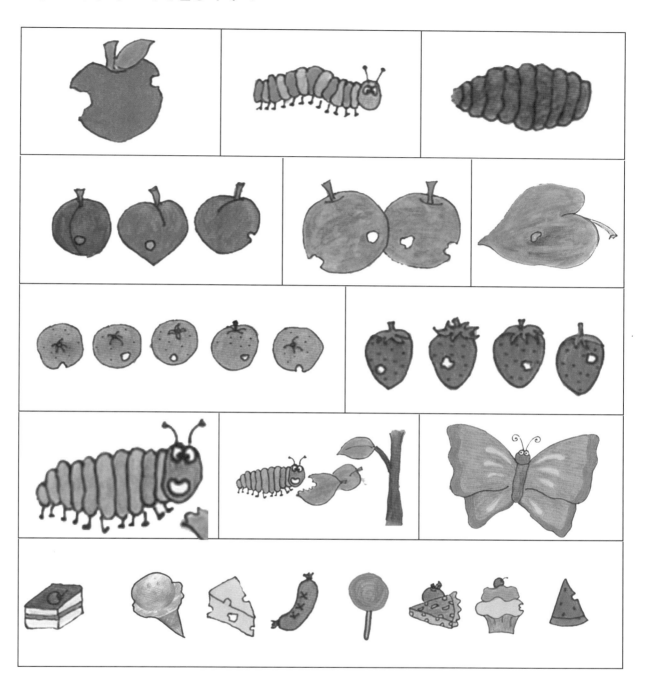

나뭇잎 위에 ☐이 있습니다.

알 속에서 작은 ☐

한 마리가 톡! 튀어나왔습니다.

☐ 요일, 애벌레는 ☐

하나를 먹었습니다.

화요일, 애벌레는 ☐ ☐개를

먹었습니다.

☐ 요일, ☐는 자두

세 개를 먹었습니다.

목요일, 애벌레는 ☐를

먹었습니다.

☐ 요일, 애벌레는 귤

다섯 개를 ☐.

토요일, 애벌레는 케이크, 아이스크림, ☐, ☐, 막대 ☐, 파이, 컵케이크, ☐을 먹었습니다.

일요일, 애벌레는 ☐을 ☐.

작은 ☐는 크고 뚱뚱해졌습니다.

애벌레는 ☐가 되어 잠을 잤습니다.

애벌레는 아름다운 ☐가 되었습니다.

★ [만들기자료] 85쪽에 활용하세요.

★ [만들기자료] 85쪽에 활용하세요.

★ [만들기자료] 146쪽에 활용하세요.

할아버지가 강아지와 숲 속을
걷다가 [   ] 한 짝을
떨어뜨렸습니다.

먹보 [   ]가 달려와
장갑 속으로 쏙 들어갔습니다.

초록 [   ]가 [   ]에
들어가 둘이 되었습니다.

빨간눈 [   ]가 장갑에
들어가 [   ]이 되었습니다.

멋쟁이 [   ]가 장갑에
들어가 넷이 [   ].

✂ ★ [만들기자료] 115쪽에 활용하세요.

잿빛 [   ] 가 [   ] 에
들어가 다섯이 되었습니다.

송곳니 [   ] 가 장갑에
들어가 [   ] 이 되었습니다.

[   ] 곰이 [   ] 에
들어가 일곱이 [   ] .

장갑은 터질 것 같았습니다.
그때 [   ] 가 장갑을
찾으러 돌아왔어요.

[   ] 가 멍멍 짖어 댔습니다.
동물은 숲으로 [   ] .

★ [붙임자료] 37쪽에 활용하세요.

★ [붙임자료] 69쪽에 활용하세요.

★ [붙임자료] 54쪽에 활용하세요.

영차영차
나는 힘이 세.

사사사사 나는
어디든 잘 기어가.

뾰족뾰족
나는 무섭지 않아.

길쭉길쭉
나는 높이 닿아.

다다다다
나는 빨리 달려.

★ [붙임자료] 70쪽에 활용하세요.

★ [붙임자료] 90쪽에 활용하세요.

★ [붙임자료] 109쪽에 활용하세요.